KLEINES LEXIKON HAMBURGER BEGRIFFE

KLEINES LEXIKON HAMBURGER BEGRIFFE

DANIEL TILGNER
ZEISEVERLAG

Inhalt

6 „Ganz paar Worte vorwech“

14 Hamburger Begriffe von A bis Z

158 Nachträge

168 Verwendete Literatur

175 Bildnachweis

176 Impressum

„Ganz paar Worte vorwech“

Vor einem Dutzend Jahren bin ich von der Weser an die Elbe gezogen. Nach kurzer Gewöhnung an die in vielen Bereichen etwa dreifache Größe der Stadt kommt einem Bremer in Hamburg schnell eine Menge bekannt vor. Es gibt einen Fluß, einen Hafen, ein schönes Rathaus (ganz früher soll es sogar einmal einen Roland gegeben haben!) mit Senat, Bürgerschaft und Deputationen (was das sind, wird unter ➛ *Deputationen* erklärt). Auch auf das geliebte „H" für „Hansestadt" auf den Autokennzeichen muß man nicht verzichten. Noch unzählige Gemeinsamkeiten mehr finden sich in Geschichte und Gegenwart der schon so lange verschwisterten Stadtstaaten. Und doch gibt es einen großen Unterschied: die Sprache. Als Bremer fällt man die erste Zeit *„ümma"* (=immer) auf, das heißt, die Hamburger merken *„immä"* (= immer), daß man aus der Nachbarstadt kommt. Auch unabhängig von der breiten, selbstbewußten Aussprache gibt es viele Begriffe, Worte und Schnacks, die man in Hamburg häufiger hört als anderswo. Das heißt natürlich nicht, daß sie ausschließlich in Hamburg verwendet werden. Ganz im Gegenteil. Nur die wenigsten sind wirklich original hamburgische Wörter und die meisten natürlich im Plattdeutschen beheimatet, wenn auch viele eindeutig „eingehamburgert" wurden. Im folgenden soll nun eine bunte Mischung aus aktuellen und vergessenen Begriffen, aus erklärungswürdigen Sprecheigenheiten und Aussprachevariationen der Hamburger präsentiert werden. Dazu gibt es jede Menge ➛ *Döntjes* und allgemeinere Stadtinformationen.

Die ausgewählten 433 Artikel stammen aus eigener Erinnerung an schöne Jahre

des Arbeitens und Wohnens in Hamburg, aus Gesprächen mit Bekannten und Freunden (zusammen mit letzteren auch aus selbstlos-intensiven „Feldstudien" in Kneipen auf St. Pauli). Die beiden wichtigsten Stichwortgeber waren jedoch zum einen das Hamburgische Wörterbucharchiv der Universität Hamburg und zum anderen ältere Literatur, die sich bereits den Besonderheiten der in Hamburg zu hörenden Sprache gewidmet hat.
Im Hamburgischen Wörterbucharchiv (dem ich für die freundliche Aufnahme und unzählige Auskünfte schon jetzt „Tausend Dank" sagen möchte) wird seit langem Hamburgs Wortschatz wissenschaftlich dokumentiert. 1956 erschien der erste Band des Hamburgischen Wörterbuchs, insgesamt sind es bisher 17 Lieferungen, die von „A" bis „Kiephoot" (folgende) reichen. Das Archiv sammelt zwar seit 1917 Hamburger Plattdeutsch, aber in seinen unzähligen Karteikästen mit Abertausenden von Einträgen finden sich ganz allgemein Wörter und Begriffe, die in engerer Verbindung zur Stadt stehen. Neben den schon gedruckt vorliegenden Teilen des Wörterbuchs findet sich noch eine ganze Reihe kleinerer Bücher und Büchlein zum Thema Sprache; vor etwa drei Jahrzehnten hätte sich dies kleine Lexikon in den Regalen der Buchhandlungen in bester Gesellschaft befunden. Sehr dicht war damals das Angebot der Titel, die auf zumeist vergnügliche Weise von der Sprache der Hamburger handelten und noch darüber hinaus auf die Wesensart der Hansestädter abzielten. Allen voran der unvergleichliche Dirks Paulun (1903–1976), aber auch Walter Deppisch (1916–1990) mit sei-

nen „99 Wörtern Hamburgisch" nahmen das „Hamburger Hochdeutsch" und seine Sprecher unter die Lupe. Mit Charakter und Humor der Hamburger beschäftigte sich besonders der um das Hamburger Volkstheater und die Theatergeschichte der Stadt so verdiente Schriftsteller Paul Möhring (1896–1976). Er hielt seine Erfahrungen mit der Hansestadt und ihren Bewohnern ebenso in kleinen Geschichtchen fest, wie es die Autorin und Feuilletonistin Edith Oppens (1903–1990) mit „ihren lieben Hamburgern" getan hat. Vera Mohr-Möllers (1911–1998) Klein-Erna-Geschichten sind zwar noch heute vielen bekannt, hatten aber früher doch bedeutend mehr Leser, auch außerhalb Hamburgs. Wenn von der in Hamburg gebräuchlichen Sprache und ihrer Entwicklung die Rede sein soll, muß zuerst das Plattdeutsche erwähnt werden. Plattdeutsch oder Niederdeutsch ist in ganz Norddeutschland verbreitet. Es stellt mehr dar als eine Mundart und darf auch heute noch fast den Rang einer Sprache beanspruchen. Bis ins 16. und 17. Jahrhundert war „Platt" auch gängige Schriftsprache. Als überwiegende Alltagssprache blieb es bis ins 20. Jahrhundert hinein erhalten, und unbeschadet davon, daß es im Laufe der Jahrzehnte in der Großstadt rapide zurückging, wird es in ihren ländlichen Gebieten auch im 21. zu hören sein. Um die Pflege des Plattdeutschen im Hamburger Raum kümmern sich neben dem Hamburgischen Wörterbucharchiv auf privater Basis besonders der „Quickborn", 1904 als Vereinigung für niederdeutsche Sprache und Literatur gegründet, sowie der seit 1874 bestehende „Verein für niederdeutsche Sprachforschung".

Eines von Pauluns Büchern trug mit dem Haupttitel „Missingsch“ den so wichtigen Begriff aus der hamburgischen Sprachgeschichte im Namen. Aber um es gleich vorwegzunehmen: Das „originale“ Missingsch ist in seiner ursprünglichen Erscheinung so gut wie ausgestorben. Missingsch bestand im 19. und frühen 20. Jahrhundert als eine eigenwillige Mischung von Plattdeutsch und modernem Hochdeutsch, das korrekt eigentlich Neuhochdeutsch heißt. Der Begriff bezeichnete ein Hochdeutsch, das die Verwurzelung seines Sprechers im Plattdeutschen nicht verleugnen kann (ausführlich zum Begriff siehe unter ➛ *Missingsch*). Missingsch entstand durch die Probleme, die reine Plattdeutschsprecher in Wortwahl, Satzbau und Aussprache des modernen Deutsch plagen. Und da die meisten Plattdeutschsprecher heute eigentlich fest im Hochdeutschen zu Hause sind, kann es folglich auch kaum noch wirkliches Missingsch geben. Eine bleibende Erinnerung daran ist das Missingsch, das Dirks Paulun in seinen Veröffentlichungen oder Vera Mohr-Möller in ihren Geschichten benutzten. Dennoch haben sie durch ihre Festlegung auf fast ausschließlich humorige bis satirische Darstellung dem Missingsch einen anderen „Anstrich“ gegeben. Die Zeiten, als auch im Hamburger Alltag Plattdeutsch noch wie selbstverständlich zu hören war, sind „vorbi“. Wenn heute von Missingsch die Rede ist, ist eigentlich nur ganz einfaches und stark umgangssprachlich gefärbtes oder, wer es unbedingt will: schlechtes Hochdeutsch gemeint. Es besteht kein wirklich plattdeutscher Hintergrund mehr, und Missingsch dient eher nur noch als

Bezeichnung einer Art „Hamburger Hochdeutsch" als etwas schludriger Jargon mit breitester Aussprache und den hamburgischen Vokalverziehungen. So kann aus einem „o" ein „ou" und aus einem „a" ein gedehnter Laut werden, der zwischen „aa" und „oo" angesiedelt ist.
Aber welche Mundart ist schon einheitlich und konstant? Es gibt auch kein reines Plattdeutsch, schließlich schaudert es einen Südoldenburger beim Hören von Mecklenburger Platt und umgekehrt, während der Dithmarscher möglicherweise beide Dialekte am liebsten kaum als Plattdeutsch durchgehen lassen würde. Auch zwischen dem Hamburger und dem Bremer Raum variiert ja, wie gezeigt, das Platt. Im Hamburger Ohnsorg-Theater hat man sich für das Holsteiner Plattdeutsch entschieden.
Wer sich ernsthaft mit dem in Hamburg beheimateten Platt beschäftigen möchte, muß dann doch das Hamburgische Wörterbuch studieren. Hier stößt man auch auf eine große Anzahl von Wörtern, die längst vergessen sind. So hat z. B. das Spielen mit „Marmeln" seinen Reiz auf Kinder weitgehend eingebüßt, während es in früheren Zeiten aus der Freizeitbeschäftigung nicht wegzudenken war und einen eigenen Fachjargon mit unendlich vielen Begriffen hervorbrachte. Sie sind aus dem Kindermund inzwischen verschwunden, und nur einige Beispiele wurden hier aufgenommen, wie z. B. ➛ *Basche* oder ➛ *ditschen.*
Vielleicht werden einige ältere Leser nun sagen: „Wir haben aber immer ‚Bascher' und ‚ditschern' gesagt, und überhaupt: Dies und das wird soundso geschrieben, und jenes doch sowieso

ganz anders!" Der Varianten sind so viele. Grundsätzlich zur Rechtschreibung darf man zunächst getrost Günter Harte zitieren, der 1977 in seinem Lehr- und Lesebuch „Lebendiges Platt" zum Thema der plattdeutschen Rechtschreibung „zugespitzt" feststellte: „Plattdeutsch kann man gar nicht verkehrt schreiben!" Es gibt halt keinen Duden und keine Regeln. Doch das sollte eigentlich kein Freifahrtschein zur Beliebigkeit sein. Von Johannes Saß erschien 1935 ein seinerzeit hochamtliches Wörterverzeichnis des Plattdeutschen (genannt „Der kleine Saß"), das heute in vielen Teilen noch weitgehend unverändert „gültig" ist. Für das Missingsch entwickelte Paulun seine eigene Phonetik (sein „Paulunisch"), die freilich bei Germanisten und Sprachforschern keineswegs unumstritten ist. Dennoch ist es sein bleibendes Verdienst, auf diese Weise altes Hamburger Sprachgut, wie es auf den Straßen in täglichem Gebrauch war, konserviert zu haben. Der Unterschied läßt sich an einem Beispiel verdeutlichen. Die im Plattdeutschen häufig langen Vokale würden nach Saß durch Verdopplung gekennzeichnet („Gruus un Muus", „suutje"). Missingsch-Schreiber wie Deppisch oder Paulun dagegen buchstabieren vom Hochdeutschen kommend und dehnen mit einem „h" (also: „Grus un Mus", weil niemand – in neuer hochdeutscher Rechtschreibung – „Gruss un Muss" lesen würde, und „suhtje" statt „suutje"). Von einigen Ausnahmen abgesehen, wird im folgenden die übliche hochdeutsche Schreibweise verwendet. Wenn dagegen einmal breitestes, gemütlich-nachlässiges „Hamburgisch" nachempfunden werden soll, dann erfolgt dies in *kursiver Schrift – „Kannsu mir folgn?".* Kleine Unregelmäßigkeiten dabei mögen verziehen werden. Es ist aber auch zu schwierig. Wenn jemand z. B. in einer Finkenwerder Kneipe Abend für Abend den „Daddelautomaten" (= Glücksspielautomat) leert, dann ist er der „Daddelkeunich". Gelingt dem Glückspilz aber dasselbe in der Stammkneipe seines Schwagers in einem der Walddörfer im Nordosten Hamburgs, dann wird er unweigerlich der „Daddelkönich"!

Die kurze Entstehungszeit dieses Büchleins ist von einigen Glücksfällen und vor allem von sehr viel Hilfsbereitschaft begleitet worden. Besondere Unterstützung bei der Abfassung des Manuskripts leistete die Arbeitsstelle für Hamburgische Geschichte der Universität Hamburg. Unter ihrer Regie wurde bereits das große, 1998 im Hamburger ZEISEVERLAG erschienene „Hamburg Lexikon" von insgesamt 49 Autorinnen und Autoren erarbeitet, und sie betreut nach wie vor mit vielen Aktivitäten die Stadt- und Regionalgeschichte. In ihren Räumen im „Pferdestall" (siehe Artikel ➛ *Pferdestall*) haben mir häufig die Herren Professoren Dres. Ahrens, Kopitzsch und Troitzsch über die Schulter geschaut, mir Tips gegeben und kritisch gefragt, ob ich auch dies schon aufgenommen und jenes bedacht hätte. Nochmals bedanke ich mich bei Herrn Professor Dr. Meier, Herrn Dr. Ruge und Frau von der Heide vom Hamburgischen Wörterbucharchiv. Auch Antje Vogt, Malte Lohmann und ihren beiden Familien habe ich zu danken, die jeweils ihren Hamburg-Barmbeker und Hamburg-Eilbek-Winterhuder Wortschatz durchforschten. Mein Dank gilt auch

René Schomber, der mir während gemeinsamer Lehrjahre tagtäglich schönstes Hamburgisch und hamburgische Wesensart präsentierte (siehe z. B. Artikel ➛ *und nu komms du!* oder *Und nu sachs du!*), während unser alter Werkstattmeister mit seinem unnachahmlichen, einem donnernden Gottesgericht gleichkommenden „O haua haua haua ha!" seinen Teil zu meinen Lektionen beisteuerte (siehe ➛ *Oha, ...*). Aber auch den zahlreichen hier ungenannten Mithelferinnen und Mithelfern ist mein Dank gewiß, nicht zuletzt natürlich dem Verlag sowie der Lektorin Brigitte Beier, einer Hamburgerin, der ich wieder einmal kluge Anregungen und auch einige Stichworte verdanke.

Daniel Tilgner
Hamburg, im April 1999

Moin Moin, die vierte Auflage ist da!

Daß mein „Kleines Lexikon Hamburger Begriffe" so gut angekommen ist, freut mich sehr. Herzlich bedanken möchte ich mich für die zahlreichen Hinweise auf fehlende Worte und Schnacks (besonders in den Briefen von Helga Pors und Gerhard Lütten, und auch von Dagmar Hallack, Eva Prott-Klebe und Hans Steinführer). Zu einem großen Teil ist es ihrer aufmerksamen Mithilfe zu danken, daß sich nun ein „ganzes Ende" neuer Stichworte, wie z. B. „Kibbelkabbel", „Knallköm" und die von vielen schmerzlich vermißte „Tante Meier", im Nachtrag am Schluß des Buches finden. Auch im vorderen Teil wurden Artikel korrigiert und ergänzt.

Daniel Tilgner
Hamburg, im Mai 2000

Hamburger Begriffe von A bis Z

Aal ist die Fischart, die vor allem durch die bekannte Hamburger ➛ *Aalsuppe* häufig mit der Stadt in Verbindung gebracht wird und von der Süddeutsche vermutlich glauben, sie müßte schon längst vor Erreichen der Stadt an der Autobahn-Raststätte zu kaufen sein. Wie dem auch sei: Besonders lecker ist das in hamburgischer Vokalverziehung mit einem Laut zwischen „aa" und „oo" ausgesprochene Tier als Smutt- oder Spickaal. Gespickt wird er jedoch nicht wie ein Hase, sondern das Wort stammt von mittelniederdeutsch „spicken" und bedeutet räuchern (auch der Speck hat daher seinen Namen; „smutten" steht ebenfalls für räuchern). Weniger Freude verbreitete der Fisch im 19. Jahrhundert durch sein Auftreten im Rohrsystem der Hamburger Wasserversorgung. Die Wasserqualität war erbärmlich (➛ *Cholera*), und 1876 zählte ein Wissenschaftler neben dem Aal 15 weitere in den Leitungen vorkommende Tierarten.

Aalsuppe Die Aalsuppe verdankt ihre Bekanntheit der fälschlichen und etwas unheimlich anmutenden Herleitung ihres Namens, wonach in ihr „alls drin" sei, so daß sie also aus allen gerade in der Küche vorhandenen Zutaten zubereitet würde. Tatsächlich handelt es sich um eine kräftige süß-saure Gemüsesuppe („suur supp"), die mit oder ohne ihren Namengeber, den Aal, als Einlage serviert wird.

Aalweber und **Aale Aale** Zur weiteren Verbreitung der Auswärtigen so besonders eng erscheinenden Verbindung von ➛ *Aal* und Hamburg haben zwei Kleinhändler beigetragen, die den Fisch in den Straßen verkauften. Beide wurden zu Hamburger Originalen. Der „Aalweber", eigentlich ein Bürstenbinder namens Weber, bot in der ersten Hälfte des 19. Jahrhunderts den Fisch u.a. des Abends in Hamburger Kneipen aus einem Bauchladen an. Obwohl seine Ware wegen seiner spaßigen Verkaufssprüche stets reißenden Absatz fand, starb er 1854 im Armenhaus. Rund hundert Jahre später zog ein ebenfalls bekanntgewordener Nachfolger durch die Stadt. Er hieß Karl-Wilhelm Schreiber und wurde nach seinem Ausruf „Aale Aale" genannt. Schreibers Erkennungszeichen war neben seiner Ware, die er übrigens selbst nicht essen mochte, eine Melone auf dem Kopf, an der er stets frische Blumen trug. „Aale Aale" starb 1970 in Farmsen.

Zeitgenössische Darstellung des Aalwebers. Mit unzähligen Schnacks und Sprüchen pries er seine Ware an. Wer die heutigen Nachfolger von „Aalweber" und „Aale Aale" in voller Aktion erleben möchte, muß Sonntag morgens auf den ➛ Fischmarkt *gehen und dort nur seinem Gehör folgen.*

Abaton ist als Name von Hamburgs ältestem Programmkino fast jedem in der Stadt ein Begriff. Es liegt an der Ecke Grindelhof/Allende-Platz am Rande des Campus der Universität Hamburg, direkt neben dem ➛ *Pferdestall.* Im November 1971 startete der Spielbetrieb. Gezeigt wurden vor allem künstlerisch anspruchsvolle Arbeiten und Experimentalfilme. Seinen Namen verdankt das Abaton der Absicht seiner Gründer, im Kinoprogramm alphabetisch stets an erster Stelle zu erscheinen. Das Kino wurde Vorbild für viele Programmkinos in ganz Deutschland.

abbeldwasch ➛ *dwasch*

ABC-Straße wurde im 17. Jahrhundert der Name einer spätestens 1615 bis 1623 an ihrer Südseite bebauten Straße in der Neustadt. Sie erhielt ihren Namen, weil die hier stehenden Häuser nach dem Alphabet bezeichnet wurden.

Abklatscher ➛ *ditschen*

abmälen ➛ *Elleri-selleri-sibberi-sa-sibberi-sabberi-knull* ➛ *Mi*

achter(n) ist plattdeutsch, heißt „hinten" oder „hinter" und findet sich in vielen Wörtern und Wortarten. Selbst wer sich weder mit Platt noch mit Decksdeutsch auskennt, der findet „achter" dennoch in vielen Hamburger Straßennamen, so z. B. in Achter de Wisch (Wiese) in Neuengamme, in Achterkamp (Feld) in Rönneburg oder in Achtern Hollerbusch (Holunderbusch) in Sasel.

Affi ist die Kurzform des Namens der Norddeutschen Affinerie. Das 1866 gegründete Unternehmen auf den ehemaligen Elbinseln Veddel und Peute betreibt heute mit 2000köpfiger Belegschaft eine der modernsten und umweltfreundlichsten Kupferhütten der Welt.

albern Wenn von einer „albernen Sache" oder einer „Albernheit" die Rede ist, wird einer Angelegenheit die perfekte Wertlosigkeit bescheinigt. Was albern ist, taugt zu überhaupt gar nichts, nicht einmal zum Schmunzeln, denn in der Regel ist es sogar ärgerlich. Albern ist somit das Gegenteil von ➛ *reell.* Ausnahmen? Gelegentliches Rumalbern ist bei Kindern und Jugendlichen ganz normal, gehört bei Erwachsenen ja eigentlich auch dazu und wurde noch vor gar nicht langer Zeit als „Allotria treiben" (von altgriechisch für „Abwegiges", für „lauten Unfug") mit einem verbreiteten Fremdwort bezeichnet.

all to nah „All zu nah!“, dachten sich die Hamburger lange Zeit, liegt doch dieser kleine, aber lästige Handelskonkurrent bei Hamburg. Der Fußweg zur Grenze der „Altona“ genannten Fischer- und Handwerkersiedlung, die 1664 zur Stadt erhoben wurde, dauerte vom Millerntor aus gerade eine Viertelstunde Richtung Westen. Die genaue Herkunft des Namens Altona läßt sich nicht belegen. Sicher ist dagegen, daß die Siedlung im frühen 16. Jahrhundert entstand, zu Holstein-Pinneberg gehörte und nur wenige Häuser sowie ein Gasthaus umfaßte. Der Landesherr Ernst Graf von Holstein-Schauenburg (gestorben 1622) förderte Altona und gewährte weitreichende „Freiheiten“ für Handwerker und Glaubensflüchtlinge (➛ *Große Freiheit*). 1640 kam Altona unter die Herrschaft des dänischen Königs, 1866 unter die des preußischen. Vor allem in den 1920er Jahren wuchs „Hamburgs schöne Schwester“ durch die Eingemeindungen der ➛ *Elbvororte,* Bahrenfelds und Ottensens immer weiter und erhielt neue Industrien. 1937 wurde Altona mit dem ➛ *Groß-Hamburg-Gesetz* nach Hamburg eingemeindet. Heute leben in den 13 Stadtteilen des Bezirks Altona 240 000 Menschen auf insgesamt 78,31 Quadratkilometern Fläche.

Alls klar! ➛ *verklaren*

als ob und **als wie wenn** ➛ *wie wenn*

Alsterschippern heißt das zwischen neun Anlegern hin- und herführende Kreuzfahrtprogramm der Alster-Touristik GmbH. Die weiße Flotte der Alsterdampfer war 1984 aus dem Hamburger Verkehrsverbund (HVV) ausgeschieden,

Baujahr 1876 und seit 1994 wieder auf Hamburgs Gewässern unterwegs: Die „St. Georg“, das älteste noch fahrtüchtige Dampfschiff Deutschlands, ist die Attraktion der Hamburger weißen Flotte.

nachdem ihre Bedeutung für die innerstädtische Personenbeförderung stetig abgenommen hatte. Eine Attraktion beim Alsterschippern ist die Fahrt mit der 1876 in Hamburg gebauten „St. Georg", dem ältesten noch fahrtüchtigen Dampfschiff Deutschlands.

Alsterschwäne sind in Hamburg schon seit Hunderten von Jahren ein Begriff. Eine Verordnung von 1664 stellte die Vögel unter Schutz. Bis heute schwimmen die über 200 Höckerschwäne unter staatlicher Obhut auf der Kleinen, der Binnen- und der Außenalster. 1818 begann ihre Betreuung durch einen städtisch besoldeten „Schwanenvater". Versorgt mit Futter, verbringen sie den Winter auf dem für sie eisfrei gehaltenen Eppendorfer Mühlenteich.

Alter und **Alte** sind weitverbreitete Anreden, die sich ungeniert durch die Konversation selbst jüngster Schulkinder ziehen und in schlichteren Sprachkreisen bis weit über die Jugend hinaus geläufig bleiben. Häufig wird das „t" als „d" gesprochen, manchmal verschwindet es auch ganz oder wird zu einem zweiten „l". Diese Variante klingt dann noch beeindruckender, wenn ein kurzes „Eh" davorgeschaltet wird. Es bewirkt eine minimale Pause, die aber die Anrede um so besser zur Geltung gelangen läßt, z.B. in: *„Eh, Aller, hömmazuh"* (hör einmal zu).

Altes Land ➛ *Meile Alten Landes*

Altona ➛ *all to nah*

Altonaer Balkon Wie Altona nach Norden heraus mit dem Volkspark einen Hintergarten besitzt, hat es vorn am

Steilufer der Elbe ein Obergeschoß, den Altonaer Balkon. In Höhe des Altonaer Fischereihafens, zwischen Klopstockstraße und Palmaille, südlich vom Altonaer Rathaus, wurde nach dem Zweiten Weltkrieg eine Grünanlage mit Aussichtsplattform eingerichtet. Von hier aus kann man weit über den Fluß und Teile des Hafens blicken. Wegen dieser prächtigen Aussicht nannte der Hamburger Schriftsteller Hans Leip (1893–1983) diesen Platz 1953 „Kap Kiekut". Wanderer sind übrigens aufgerufen, sich von hier aus auf den Elbuferweg zu begeben, und zwar entweder in östlicher Richtung zum Hafen oder nach Westen über Blankenese nach Rissen.

Blick von „Kap Kiekut" elbaufwärts. Im Hintergrund der Hamburger Hafen

Altstädter ➛ *Elbsegler*

Anbinner heißt hochdeutsch „Anbinder" und steht spöttisch für die auf plattdeutsch „Fastmoker" lautende Berufsbezeichnung ➛ *Festmacher. (Hassas kapiert? Ne? Muss bei Fessmacher nachlesn!)*

angetütert ist, wer einen Schwips hat und schon ein bißchen ➛ *duhn* ist.

anköteln bedeutet „sich anbiedern" oder „wieder anbiedern", insbesondere wenn es vorher einen Streit gegeben hat: „Nu kommt er wieder angekötelt!"

Anscheten! Auf wen dieser Ausruf gemünzt ist, der steht „angeschmiert" da oder der ist „reingefallen". Das Wort leitet sich von ➛ *Schiet* ab und heißt in der hochdeutschen Variante „angeschissen". Die ernstere Variante des Begriffs im Sinne von „betrügen" kursierte im Hamburger Kaufmannsleben früherer

Zeiten als ➛ *machen.* Ein schönes plattdeutsches ➛ *Döntje* ist im Hamburgischen Wörterbuch überliefert. Es handelt von einem kleinen Jungen, dessen Vater ihm sein neugeborenes Geschwisterchen vorführt:
„Du Vadder, de hett jo goorkeen Tään, du Vadder, de hett jo goorkeen Hoor, du Vadder, mit denn hebbt se uns anscheten, dat 's 'n Olen." (Tään = Zähne, Hoor = Haare, Olen = alter Mensch)

Anscheten, Herr Paster! ist eine alte Hamburger Redensart, hinter der sich ein ➛ *Döntje* verbirgt, das der aus alter Hamburger Juristen- und Pastorenfamilie stammende Franz Theodor Mönckeberg 1950/54 in seinem ➛ *„Grabbelbüdel"* überliefert hat. Im Religionsunterricht befragt ein kleiner ➛ *Buttje* den Pastor zur Allgegenwärtigkeit Gottes: *„Is der liebe Gott auch in unsern Gartn?"* „Ja, Klein Bubi." *„Auch in unsern Hausflur?"* „Auch dort." *„Auch in Vater sein Weinkeller?"* „Er ist überall, also auch dort." *„Anscheten, Herr Paster! Unser Vater hat gaakein Weinkeller!"*

antüdeln Wer sich antüdelt, zieht sich an. Wer angetüdelt ist, der ist demnach fertig angekleidet. Aber das Ankleiden, z. B. für eine Party, kann auch schon einige Zeit her sein und der betreffende sich im Laufe des Abends „einen angetüdelt" haben, nämlich einen Schwips (auch: angetütert sein, sich einen antütern).

antütern ➛ *antüdeln*

Appelschnut ist der Kosename der Heldin eines gleichnamigen Kinderromans des Hamburger Schriftstellers Otto Ernst (1862–1926). Den Stoff zu seinem 1907 erschienenen Buch konnte er sozusagen täglich studieren, denn es handelte sich um seine Tochter Senta Regina. Seiner „Appelschnut" (hochdeutsch: Apfelmund; „Schnute" ist das plattdeutsche Wort für „Schnauze") setzte er mit dem 500 000mal gedruckten und in 17 Sprachen übersetzten Werk ein liebenswertes Denkmal. Die so Geehrte lebte in Othmarschen in der nach ihrem Vater benannten Straße und starb 1998 im stolzen Alter von 101 Jahren.

ausklaviert ➛ *vigeliensch*

Außenalster heißt der größere Teil des durch die Aufstauung der ➛ *Alster* am südöstlichen Ende des ➛ *Jungfernstiegs* entstandenen Sees. Der kleinere, auf der anderen Seite von Kennedy- und Lombardsbrücke gelegene Teil ist die ➛ *Binnenalster.* Die Außenalster ist ca. 2,8 Kilometer lang und mißt an der breitesten Stelle, zwischen Hohenfelder Bucht und der gegenüberliegenden Seite, etwas über einen Kilometer. Das in den wärmeren Monaten von zahlreichen Ruderern und Seglern genutzte Gewässer lädt das gesamte Jahr über zu einem schönen Spaziergang am Ufer ein. Einmal ganz herum sind übrigens 7 550 Meter zu wandern. Eine Attraktion ist es, wenn in kalten Wintern die Außenalster zufriert. Kaum wird sie zur Begehung freigegeben, ist ihr weißes Eis schon schwarz vor lauter Schlittschuhläufern, Spaziergängern, Glühweinständen und Imbißbuden.

Das wünschen sich die Hamburger jeden Winter: Starker Frost gibt die Außenalster frei für Spaziergänger.

Aussprache (von Fremdwörtern) ➛ *Idioticon Hamburgense*

Babutz ➛ *Putzbüdel*

Backs ➛ *batz*

Bahntje stammt aus dem Plattdeutschen und bedeutet „Posten" oder „Laufbahn". „Ein schönes Bahntje" meint also soviel wie eine einträgliche Anstellung.

Bangbüx wird ein Angsthase („Bange" bedeutet „Angst") genannt, obwohl das plattdeutsche Wort eigentlich die Übersetzung von „Angsthose" ist. Vielleicht war ja der Ausdruck „vor Angst in die Hose machen" an der Wortbildung beteiligt?

Bangemachen gildet nich! lautet ein Kinderspruch. Wie so vieles aus Kindermund „gilt" er auch in der Erwachsenenwelt. Denn wer sich vornimmt, diesmal kein ➛ *Bangbüx* zu sein und z. B. einer fiesen Einschüchterung zu widerstehen, der besinnt sich auf die Kindheit, preßt die Lippen zusammen und denkt sich: „Pah, Bangemachen gildet nich!"

bannig bedeutet soviel wie das steigernde Wörtchen „sehr" oder die umgangssprachliche Variante „ganz schön": „Auf dem Wochenmarkt war heute morgen wieder bannig was los." Meist in engerem Zusammenhang und mit noch etwas kräftigerer Wirkung als bannig ist ➛ *fix* als Verstärkungswort zu hören.

Eine Barkasse läuft in den Niederhafen ein. Im Hintergrund die „Cap San Diego" und ein moderner Kreuzfahrer, vorn das Heck der „Rickmer Rickmers"

Barkasse heißt eigentlich das größte Beiboot von Kriegsschiffen. Im Hamburger Hafen bezeichnet es ein Motorboot mit zumeist überdachtem und verkleidetem Fahrerstand. Es ist sehr robust gebaut und wird sowohl zur Personen- wie zur Güterbeförderung eingesetzt. Zudem kann „Barkasse" einen Essensbehälter oder -kübel benennen.

Barmbecker Verbrechergesellschaft
➛ *Lord von Barmbeck*

Barmbek basch fand im Hamburger Wortschatz auf zweierlei Weise Eingang: entweder als lapidarer Kommentar oder als erschreckter Ausruf angesichts jedweder Untaten von Hamburger Halbstarken oder Roheiten anderer, da die Barmbeker Heranwachsenden für besonders ➛ *basch* erklärt worden waren.

basch Das plattdeutsche „basch" steht für hochdeutsch „derb" oder auch „scharf", z. B. kann eine Speise basch gewürzt sein. Es dient jedoch vor allem zur Bezeichnung von etwas Rüpelhaftem. Derartig veranlagt zu sein war der Ruf der Barmbeker Jugend (➛ *Barmbek basch*). Besonders in Kleidungsfragen kann „basch" aber auch soviel wie „verwegen" oder „herausfordernd" meinen. Es ist in der Jugendsprache somit Vorgänger der Ausdrücke „lässig" oder „cool", die „flott", „keß" und „schneidig" weitgehend abgelöst haben. Die harmloseste Bedeutung findet sich in der Kindersprache mit der ➛ *Basche*.

Basche oder „Baschen" bzw. „Bascher" sind Bezeichnungen für die weißen Marmeln, die auch mit bunten Strichen bemalt sein konnten. In früheren Zeiten waren sie aus Alabaster, später aus glasiertem Ton.

batz und **Backs** Das plattdeutsche Wort für „plötzlich" heißt „batz". Da sie zumeist unerwartet kommt, ist der ähnlich lautende „Backs" ein trefflicher Name für eine Ohrfeige, die in den ➛ *Vierlanden* auch „Batz" heißt. Wer jemandem etwas „batz ins Gesicht" sagt, sagt es ihm so überraschend und unverblümt, daß es fast so klatscht wie bei einem Backs.

Bauch von Hamburg wird die Großmarkthalle für Obst und Gemüse in Hammerbrook genannt. 1962 war sie nach vierjähriger Bauzeit fertiggestellt worden. Unter dem schönen, wellenförmig geschwungenen Dach der dreischiffigen Halle liegen 40 000 Quadratmeter Fläche, auf denen von ein bis sechs Uhr morgens Hamburgs ➛ *Grünhöker* und viele andere Gewerbetreibende ihre Waren kaufen. Seit 1996 steht die Halle unter Denkmalschutz und wird daher nicht so schnell das Schicksal des „Bauchs von Paris" teilen, dessen weltberühmte Markthallen in den 1980er Jahren der Spitzhacke zum Opfer fielen.

Elegantes Wahrzeichen des Wiederaufbaus in Hamburg: die Großmarkthallen in Hammerbrook

Baumwall heißt der Straßenzug, der die Straßen Kajen und ➛ *Vorsetzen* verbindet. Über ihm verläuft das Hochbahnviadukt der alten ➛ *Ringbahn.* Der Namensteil Baum erinnert daran, daß hier, am Niederbaum, durch miteinander verkettete Baumstämme bis 1852 nachts die Ausfahrt des Binnenhafens gegen widerrechtlich ein- oder auslaufende Schiffe gesichert wurde. Das östliche Pendant lag an der Ausfahrt des Oberhafens. Auch an Land gab es zahlreiche Bäume – im Sinne von Schlagbäumen –, nämlich dort, wo Abgaben erhoben oder Kontrollen vorgenommen wurden. Sie haben sich in Straßennamen wie Rotherbaum oder Winser Baum erhalten. Der Namensteil Wall weist darauf hin, daß hier ein Teil des Befestigungswalls verlief, der Hamburg bis ins 19. Jahrhundert umgab. Seinen Verlauf seit dem frühen 17. Jahrhundert kennzeichnet eine Reihe weiterer „Wallstraßen“ (Holstenwall, Gorch-Fock-Wall, Glockengießerwall, Steintorwall, Klosterwall).

Beede heißt in Hamburg der geschäftsführende Ausschuß des Kirchenvorstands einer evangelischen Gemeinde. Es war zugleich der Name für das Kirchengestühl, in dem die Mitglieder des Gremiums der Laienvertretung während der Gottesdienste Platz nahmen und wo die Kollekte eingesammelt wurde, die ebenfalls „Beede“ hieß.

begöschen ist der Versuch, jemanden durch begütigendes Zureden in gute Stimmung zu versetzen, häufig mit dem Hintersinn, ihn dann zu einer kleineren oder größeren Gefälligkeit zu bewegen. Eingestreute Komplimente sind dabei ein vielversprechendes Hilfsmittel, noch besser allerdings wirken leise Andeutungen auf mögliche spätere Vorteile für das zu begöschende Gegenüber. Wenn Kinder („Piepgöschen“) z.B. nach einem Sturz oder einem anderen kleinen Unglück begöscht werden, werden sie mit guten Reden getröstet und beruhigt.

beiderstädtisch Wenn in Hamburg vom Beiderstädtischen die Rede sein sollte, ist das Gebiet des alten Amtes Bergedorf gemeint. Das Städtchen Bergedorf, die Vierlande und die heutige schleswig-holsteinische Stadt Geesthacht waren darin vereint. „Beiderstädtisch“ heißt es deshalb, weil diese Gebiete von 1420 bis 1868 den beiden Hanseschwestern Hamburg und Lübeck gemeinsam gehör-

Beliebtes Ausflugsziel in Hamburgs Osten: das Bergedorfer Schloß (Blick von Südosten)

ten. Sie hatten mit vereinten militärischen Kräften das Bergedorfer Schloß vom sächsisch-lauenburgischen Herzog erobert. Fortan verwalteten die Städte den enormen Zuwachs ihres Landgebiets im Wechsel. Für den lübeckischen Anteil bezahlte Hamburg 1868 die Summe von 600 000 Kurantmark, und das Beiderstädtische wurde zur Gänze hamburgisch.

beipulen und **verpulen** „Beipulen" bedeutet, jemandem etwas beibringen, ihn etwas ➛ *lehren.* Es wird auch etwas beigepult, wenn eine unangenehme Angelegenheit schonend beizubringen ist, was ja manchmal bedeutend mehr Fingerspitzengefühl verlangt als das ➛ *Palen* von Hülsenfrüchten. Im Ärger kann „Beipulen" jedoch auch im Sinne von „verpulen" benutzt werden, was soviel bedeutet wie jemandem „eins verpassen".

bekakeln bedeutet etwas besprechen. Auch wenn das Wort von plattdeutsch „kakeln" abgeleitet ist, was „gackern" bedeutet, kann es sich dabei durchaus um sehr bedeutsame, z. B. ein Geld- oder Warengeschäft betreffende Themen handeln.

belemmern Jemand wird belemmert, wenn unablässig auf ihn eingeredet wird, etwas Bestimmtes zu tun oder zu unterlassen. Häufig ist in Hamburg auch das eigentlich berlinerische belatschern zu hören. Wer belemmert dreinschaut, ist verdutzt, schaut dumm aus der Wäsche. Hält dieser Zustand an, ist er ➛ *benaut.*

benaut ist der Hamburger, wenn er sich beklommen fühlt und kleinlaut wird.

Bergstraße Den für Auswärtige oft etwas hochtrabend anmutenden Namen „Berg" trug früher der älteste Marktplatz der Hamburger Altstadt. Er lag westlich vor der St.-Petri-Kirche am Rande des Geestsporns, auf dem vermutlich schon lange vor Beginn der hamburgischen Geschichte Menschen ihre Behausungen errichtet hatten. Nach dem ➛ *Großen Brand von 1842* verschwand er aus dem Stadtbild, aber die 1838 von „Hinter St. Peter" in „Bergstraße" umbenannte Straße erinnert noch heute an ihn. Wer sie vom ➛ *Jungfernstieg* kommend hindurchspaziert, schreitet von der Marsch zur Geest.

beschicken Wer etwas zu beschicken hat, muß noch etwas erledigen. Bis zum 16. Jahrhundert bedeutete „jemanden zu beschicken", ihn zu benachrichtigen, später wurde ihm etwas bestellt, heute sagen wir einfach Bescheid. Wenn dies umgangssprachlich und mit einer nachdrücklichen Aufforderung verbunden geschehen soll, wird dem Betreffenden „Bescheid gestoßen".

besopen ist der stickenduhne, der volltrunkene Mensch (➛ *duhn*). Gebärdet er sich in plattdeutscher Öffentlichkeit auffällig, muß er sich vielleicht das hart abfällige „Besopenes Swien!" (besoffenes Schwein) gefallen lassen. Erblickten im alten Hamburg die Straßenkinder einen Betrunkenen, so johlten sie im Chor ihm hinterher: „Bringt dat Swien no'n Swienmark hen, ho, ho, ho!"

binnen ist plattdeutsch und bedeutet „innen" oder „innerhalb". Das Gegenstück liegt ➛ *buten.* Die ➛ *Außenalster* könnte dementsprechend auch als Butenalster bezeichnet werden. „Binnen" kann auch plattdeutsch für das Verb „binden" stehen (siehe auch ➛ *Anbinner* bzw. ➛ *Festmacher*).

Historische, 1799 entstandene Darstellung von Hamburgs prominentestem Blickwinkel. Der Domturm (links) und die Kirche des Johannis-Klosters (mit dem Dachreiter) sind längst aus dem Stadtbild verschwunden, das heutige Hamburger Rathaus kam erst rund hundert Jahre später dazu.

Binnenalster Die Binnenalster ist Hamburgs gute Stube. Das Gewässer inmitten des Gevierts ➛ *Jungfernstieg,* Neuer Jungfernstieg, Lombardsbrücke und Ballindamm umfaßt 18 Hektar und ist Teil der Alster. Am Jungfernstieg liegt die Weiße Flotte der Alsterdampfer, hier steht der Alsterpavillon, und am Neuen Jungfernstieg laden das Hotel Vier Jahreszeiten zahlungskräftige und der Übersee-Club illustre Gäste in ihre so schön anzusehenden Gebäude. Die Lombardsbrücke steht für sich, und der Ballindamm zeigt die imponierende Front von Verwaltungsgebäuden, hinter deren Fassade weltumspannende Geschäfte abgewickelt werden. Besonders zu nennen ist das Haus der Hapag-Lloyd AG (➛ *„Mein Feld ist die Welt"*).

büschen gemütlicher klingt diese norddeutsch-nuschelige Aussprache des hochdeutschen Wortes „bißchen". Auf plattdeutsch heißt es „beten" – und „klein büschen" dementsprechend „lütt beten".

Blankenese ➛ *Elbvororte* ➛ *Neß*

Booksbüdel In einem Booksbüdel könnte man zwar einen Bocksbeutel transportieren, also eine der bauchigen Flaschen vornehmlich für Frankenwein, aber mehr haben die beiden nicht gemein. Letzterer hat mit dem Schafsbock zu tun, der Hamburger Booksbüdel mit dem Book, wie plattdeutsch das Buch genannt wird. Gemeint sind also Tragebeutel für Bücher, vornehmlich für Gebet- und Gesangbücher auf dem Weg zur Kirche. Im 17. Jahrhundert kamen diese Beutel außer Gebrauch. Aber das Wort hielt sich noch 200 bis 300 Jahre im Hamburger Wortschatz, vor allem deshalb, weil ein Booksbüdel an einer Heiligenfigur in der Petrikirche zu sehen war. Der Sinn hatte sich jedoch gewandelt, denn weil niemand einen solchen Beutel mehr benutzte und er doch jedermann bekannt war, wurde „Booksbüdel" zum Begriff für eine ebenso gedankenlos wie beharrlich weitergeschleppte, zumeist unsinnige Sitte oder törichte Angewohnheit, eine Art Schlendrian.

Bontje ist das plattdeutsche Wort für Bonbons, die Kinder als *„Bong-bongs"* korrekt auszusprechen versuchen, wenn sie nicht gleich *„Bonsche"* oder *„Bonschen"* rufen. Das „tj" in Bontje wird häufig „tsch" oder sogar nur „sch" gesprochen, was natürlich auch für andere plattdeutsche Worte gilt, wie z. B. ➛ *Buttje* oder ➛ *Sottje.*

Bonzenheber ➛ *Proletenbagger*

Brandsende heißt seit 1843 eine Straße in der Hamburger Altstadt. Ihr Name soll an den ➛ *Großen Brand von 1842* erinnern. Der Straßenverlauf markiert die Höhe, auf der die Feuerwalze in diesem Teil der Stadt am Morgen des 8. Mai zum Stehen kam und erlosch. Der Wind aus südsüdwestlicher Richtung hatte die Flammen in die Ecke Binnenalster/Wallanlagen (gegenüber der heutigen Galerie der Gegenwart) gedrängt, wo sie mit dem Ende der Bebauung keine weitere Nahrung mehr finden konnten.

Brauhaus der Hanse

Brauhaus der Hanse Im Spätmittelalter galt die Hansestadt Hamburg als das „Brauhaus der Hanse". Vollständig lautet der alte hansische Spruch:
„Lübeck ein Kaufhaus
Lüneburg ein Salzhaus
Köln ein Weinhaus
Hamburg ein Brauhaus."
Vom ausgehenden 13. Jahrhundert an war Bier für etwa 300 Jahre das wichtigste Exportgut Hamburgs. Die Brauereien lagen direkt an den ➛ *Fleeten,* aus denen sie mit dem Wasser auch ihren wichtigsten Rohstoff bezogen – einen anderen erstanden sie auf dem Hopfenmarkt vor der Nikolaikirche. Auch die Straßen Brauer- und Brauerknechtsstraße oder Hopfensack erinnern an dieses Gewerbe. Ende des 14. Jahrhunderts gab es über 450 Häuser, in denen die kupfernen Braupfannen betrieben wurden. In der Ost-West-Straße 47, wo schon im Mittelalter ein Grundstück mit dem Recht zum Bierbrauen belegt ist, kann man heute im Gröninger-Braukeller Bier trinken, das direkt in der Schankstube gebraut wurde. Heute ist in Hamburg mit der Holsten-Brauerei AG der größte norddeutsche Bierproduzent ansässig.

Ein „Brauerknecht" in standesgemäßer Tracht, dargestellt von Christoffer Suhr, nach 1800. Alle zwei Jahre feierten Hamburgs Brauer mit ihrer „Höge" ein großes Fest.

Braune Kuchen ➛ *Kemmsche Kuchen*

breegenklöterig Wer sich breegenklötrig fühlt, der ist ganz durcheinander, z. B. wirr im Kopf vor lauter Aufregungen. „Breegen" ist das plattdeutsche Wort für Gehirn, ➛ *„klöterig"* steht für etwas Zusammenschlagendes, vielleicht sind die beiden Hirnhälften gemeint? Als „bregenklüterig" ist das Wort auch außerhalb der engeren norddeutschen Sprachlandschaft gebräuchlich, z. B. in Berlin.

Briet hat nichts mit britischen Staatsangehörigen zu ➛ *kriegen,* sondern bildete sich vermutlich im 19. Jahrhundert aus dem französischen Adjektiv „brut", das „grob" oder „brutal" bedeutet. „Briet" kann als Bezeichnung für ein sehr ungezogenes Kind, einen halbstarken Flegel (➛ *Dietlein*) oder einen streitsüchtigen Mann dienen.

Brook bezeichnet allgemein ein Gebiet im feuchten Marschland. Dabei kann ebenso ein Morast oder ein Wäldchen gemeint sein, was in vielen Hamburger Orts- und Flurnamen zum Ausdruck kommt, z. B. in Grasbrook, Hammerbrook oder Hasselbrook.

bruttig ist die Luft häufig vor einem Gewitter. Das plattdeutsche Wort bedeutet „schwül", „heiß" und leitet sich von „Brut" bzw. „brüten" ab.

Buddel ist natürlich das plattdeutsche Wort für Flasche, doch wenn ein Kind buddel ist, dann hat es beim ➛ *ditschen* seine letzte Kugel verspielt.

Bückel ist die Kurzform zur Bezeichnung des Bücklings, des geräucherten Herings. Zugleich diente das Wort früher als Spottname für einen mageren, ➛ *spiddeligen* Menschen.

Büdel ist das plattdeutsche Wort für Beutel. In Zusammenhang mit einem vorangestellten Substantiv kann es z. B. als ➛ *Quark*- oder ➛ *Sabbelbüdel* auch als abfällige Bezeichnung für eine Person dienen.

Büttel oder „Bödel" ist auch im alten Hamburg als eine Bezeichnung für den

Büx Gerichtsdiener oder einen zu anderen Diensten herangezogenen Beauftragten der Stadtobrigkeit belegt. Zugleich diente der Begriff als Schimpfwort für Frauen, die nicht der vorherrschenden Norm entsprechend lebten und sich herumtrieben, oder auch für Prostituierte.
Über das Büttel, mit dem Hamburger Ortsnamen enden, gibt das Hamburgische Wörterbuch Auskunft: „-büttel Grundwort in Ortsn., häufig im Alstergebiet für Ausbauten älterer Dörfer: *Eims-, Fuuls-, Hummels-, Poppen-, Wellingsbüttel;* zu as. [= altsächsisch] *gi-butli* Wohnstätte [...]." Der echte Hamburger betont diese Stadtteilnamen selbstverständlich auf der ersten Silbe. Wer z. B. „Eimsbü'ttel" sagt, gibt sich sofort als ➛ *Quiddje* zu erkennen, während es im Stadtteil oft nur *„Eimbüddl"* heißt.

Büx ist plattdeutsch und heißt „Hose". Wer jemanden „bi de Büx kriegt", der „hat ihn". Und zwar festgenagelt, wie es in umgangssprachlichem Hochdeutsch heißt. „Bi de Büx" ist man gegriffen, wenn man z. B. mit einer unangenehmen Tatsache oder einer bestimmten Frage dazu konfrontiert wurde (siehe auch ➛ *Bangbüx).*

Bunny-Hill heißt auf deutsch „Häschen-Hügel" und ist somit die anglisierende Verballhornung des Billstedter Straßennamens Mümmelmannsberg. Er ist 1938 nach dem 1909 erschienenen Buch „Mümmelmann" des Schriftstellers und Heimatdichters Hermann Löns (1866–1914) vergeben worden. Die Straße erschließt heute die gleichnamige oder ökelnd ebenfalls Bunny-Hill genannte Großsiedlung mit über 7 000 Wohnungen.

buten steht plattdeutsch für „außen" oder „draußen" und bezeichnet somit etwas, das sich nicht ➛ *binnen,* also innerhalb einer Sache befindet. Wenn nicht sogar tragische Schicksale, so doch leidvolle Lebensabschnitte verbergen sich hinter dem Ausdruck „Butenhamburger": Nach den Luftangriffen des Sommers 1943, bei denen Zehntausende ihr Leben ließen, flüchteten etwa eine Million Menschen aus der zerbombten Stadt, ein Großteil nach Schleswig-Holstein. Viele konnten erst in den 50er Jahren wieder nach Hamburg zurückkehren. Für einige Monate waren schon beim letzten großen Ausbruch der Cholera 1892 zahlreiche Menschen sicherheitshalber zu Butenhamburgern geworden.

Buttje nennt man einen richtigen Hamburger Jung. Die Verkleinerungsform der Bezeichnung für den Speisefisch Butt wird als Koseform für den Ausdruck „kleiner Junge" gebraucht. Jedoch war das nicht immer so, und früher galten die Buttjes oder Butscher keineswegs als kleine, *„nüddeliche"* Racker, sondern so bezeichnete man bis Ende des 19. Jahrhunderts in der Regel grobe, unangenehme Kerle, für die erst dann allmählich die Bezeichnung ➛ *Briet* aufkam. Aber ob niedlich oder rüde, bekämpft haben sich die Straßenjungs zu allen Zeiten, und kamen kleine Städter einmal zum Ausflug nach Finkenwerder, dauerte es bestimmt nicht lange, bis so etwas wie das im Hamburgischen Wörterbucharchiv belegte „Hamborger Buttscher, Fingerlutscher" gebrüllt wurde. Die Ausdrücke „Knabe" oder „Bub" sind in Hamburg ungebräuchlich.

Caffamacherreihe

Caffamacherreihe heißt eine Straße in der im 17. Jahrhundert entstandenen Neustadt. Namengebend waren später hier ansässige Samtweber, die „Kaff-Haarmaker". Das plattdeutsche Wort Kaff steht für Spreu oder Kleingeschnittenes. Der meist aus Seide hergestellte Samtstoff hatte auf einer Seite lockere Schlingen, die kurz abgeschoren wurden. Ihr Aussehen erinnerte an Haarspreu und trug dem Stoff den Namen Kaff ein.

Cholera Wenn in Hamburg „die Cholera" zur Sprache kommt, ist von ihrem letzten großen epidemischen Auftreten vom August bis Oktober 1892 die Rede. Wahrscheinlich gelangte der Erreger auf dem Seeweg in die Stadt, wo er sich aufgrund der miserablen Qualität des hier noch unfiltriert der Elbe entnommenen Trinkwassers schnell ausbreitete. 8 605 Menschenleben waren zu beklagen. Der Tod wütete vor allem in den engen ➛ *Gängevierteln,* in denen vielfach erbärmliche hygienische Zustände herrschten.

Cremon heißt eine Straße im heutigen Stadtteil Hamburg-Altstadt. Sie liegt auf der gleichnamigen ehemaligen Marschinsel zwischen Nikolaifleet und Binnenhafen. Die Insel wurde Ende des 12. Jahrhunderts den ersten Siedlern der Neustadt als Weideland zugewiesen. Diese legten einen Ringdeich an, um sich vor Hochwasser zu schützen. Die Herkunft des erstmals im 13. Jahrhundert erwähnten Begriffs „Cremon" ist nicht zu belegen, geht aber möglicherweise auf einen Anwohner zurück. Zwischen dem alten Deich und dem Nikolaifleet stehen die ältesten Hamburger Speicherbauten.

Da nich für oder **Dafür nich** sind in Hamburg häufig zu hörende Redewendungen im Sinne des hochdeutschen „keine Ursache", um einen Dank abzuwehren: „Da ja man nich für!" (siehe auch ➛ *daran, darauf, darüber…*)

daddeldu Vor allem in Handwerker- oder Arbeiterkreisen heißt es gegen Ende einer Arbeit manchmal anstelle von „Genug für heute, wir können Schluß machen", einfach nur: „So, nu is daddeldu." Die Formulierung stellt vermutlich die maximale Rationalisierung der Aussprache dar, die der englische Satz „That will do" (das wird genügen) zuläßt (➛ *Kuddel Daddeldu*).

daddeln ist ein allgemeiner Begriff für „spielen", abgeleitet von den ausgestorbenen Wörtern „daveln" oder „dobbeln" für „würfeln". Heute ist es vor allem für Spielen an Glücksspielautomaten verbreitet, und Daddelautomaten stehen folgerichtig in Daddelhallen. Der notorische Sieger in Karten- oder reinen Glücksspielen ist der Daddelkönich.

Dammi noch mol ist die plattdeutsche Version von „Verdammt noch mal". Wie die mundartlichen Kraftausdrücke im allgemeinen, klingt auch dieser Ausspruch sehr viel weniger anstößig und somit unaufdringlicher als sein hochdeutsches Pendant – ohne dabei weniger überzeugend zu wirken.

Dammtor ist nicht nur eine S-, sondern auch eine Fernbahnstation. An dem Wort läßt sich mit einem ➛ *Döntje* die Hamburger Aussprache des „r" am Ende einer Silbe demonstrieren: Als der Vorstand der Deutschen Bahn einmal durch Hamburg fuhr, stieß ihm die Aussprache des Stationsnamens durch den Lautsprecher als *„Daamtoa"* unangenehm auf, und er bat darum, die Ansage zu korrigieren. Fortan tönte es vermeintlich korrekt aus den Lautsprechern: *„Darmtoa"* (siehe auch ➛ *Zurückbleiben bitte!*).

daran, darauf, darüber, darum, davon, da(d)rin sind Adverbien, die im korrekten Hochdeutsch nicht getrennt werden können. Im Hochdeutsch Hamburger Prägung marschieren ihre beiden Bestandteile häufig getrennt (oder die Präposition „da" wird komplett weggelassen), was im täglichen Sprachgebrauch einen ganz typischen Effekt erzielt, z. B. in Wendungen wie: „Da mach ich gaanich an denken!", "Nur nich über ärgern" oder „Da habbich kein Appetit auf und konnt eingklich noch nie was an findn!" Und, wenn's auch noch eine besonders teure Speise ist: „Das ißt man da nich von ab" (das Teure nämlich).
Bei „darin" funktioniert es etwas anders: Nach Loslösung des „da" scheint der Rest etwas kümmerlich zu sein und wird zum „drin" (*„Da is nix drinne!"* oder sogar *„Da is nix innen drin!"*).
In einer ihrer kleinen Geschichten über „ihre lieben Hamburger"erzählte die Journalistin und Buchautorin Edith Oppens einmal von einer Bahnfahrt fernab von Alster und Elbe. Die Herkunft der zwei sich unterhaltenden Damen in ihrem Abteil konnte sie unzweifelhaft bestimmen und notierte dazu den herrlichen Satz: „Losgerissene Präpositionen berühren mich heimatlich."

Dat gelt to Wandsbeck ➛ *Wandsbecker Recht*

Deern ist der plattdeutsche Begriff für ein junges Mädchen, der aber als genereller weiblicher Kosename auch von Ehemännern (seut, lütt) oder unter Freundinnen („Na mien Deern, wo geit?") beibehalten wird. Auf dem Land bezeichnet „Bauerndeern" auch eine Magd. Der im Hochdeutschen für Prostituierte geltende Ausdruck „Dirnen" ist in Hamburg ungebräuchlich.

Denn bis denn ist eine ➛ *missingsche* Abschiedsformel, die auf hochdeutsch wohl „Nun also: bis zum nächsten Mal" lauten müßte. Das erste „denn" bedeutet soviel wie ein abschließendes „Nun", während das zweite für „dann" steht und den Zeitpunkt des nächsten Zusammentreffens meint. Eine solche Verabredung erscheint jedoch ähnlich vage wie das verbreitete „Bis die Tage!"

Denn man zu! *Demmahzuh,* wie es ➛ *missingsch* lautet, ist ein häufig zu hörender Hamburger Schnack. Mit Dirks Paulun ließe sich mutmaßen, daß er auf zugereiste Süddeutsche wirken müsse wie eine unverständliche „Häufung wunderlicher Silben". Und wenn man diesen „Satz" ohne Subjekt und Prädikat zerlegt, „nach den Bedeutungen der Miniwörter fragt, um das Ganze zu begreifen, rennt man sich vermutlich fest". Einige von Pauluns Übersetzungsvorschlägen der vielen möglichen Verwendungen lauten: „Na, da woll'n wir mal!" (Steigerung: *„Nu mah los!"*), „Dann kann's ja losgehen!" oder, in anderem Sinne, „Tu, was du nicht lassen kannst!" und „Wird schon schiefgehn!"

Deputationen unterstützen die Leitung der Fachbehörden der hamburgischen

Verwaltung. Sie bestehen aus den vom Senat in die Behörde entsandten Senatoren und bürgerlichen Mitgliedern, den Deputierten (Abgeordneten). Dies sind ehrenamtlich tätige Hamburgerinnen und Hamburger, die jedoch nicht Mitglied der Bürgerschaft sein dürfen. Sie werden von der Bürgerschaft aus dem Kreis der Bevölkerung für die Dauer einer Legislaturperiode gewählt und sollen insbesondere an Entscheidungen von grundsätzlicher Bedeutung beteiligt sein. In Zweifelsfällen entscheidet der Senat über den Kreis derjenigen Angelegenheiten, die unter Mitwirkung der Deputierten zu erledigen sind.

Dietlein oder **Dietje** nennt man in Hamburg einen besonders rüden Halbstarken, der bald wieder als Randalierer auffallen wird. Obwohl so gar nicht niedlich, leitet er sich von der (für Hamburg mit der Silbe „lein" übrigens ungewöhnlichen) Verkleinerung der Kurzform des Namens Dietrich ab.

Dippen nennt der Seemann das Grüßen durch Auf- und Abziehen der Flagge. Seit 1952 werden an der Schiffsbegrüßungsanlage Willkomm Höft im Wedeler Ortsteil Schulau zwischen 8 und 20 Uhr alle auf der Elbe vorbeifahrenden Schiffe durch Dippen der Flagge, Aufziehen des Signals für „Gute Reise" und – bei Schiffen ab 500 BRT – auch durch Abspielen der jeweiligen Nationalhymne und des ➛ *Hammonia-Liedes* gegrüßt.

direkt ist in Hamburg oft anstelle der hochdeutschen Worte „glatt" oder „geradezu" zu hören: „Dascha direkt n' Skandol!"

ditsch Wenn es in einer Unterhaltung heißt: „Bist ja wohl ditsch!", dann wird jemand einer Äußerung wegen für „bekloppt" oder „beknackt" erklärt.

ditschen oder „detschen" nennen es Hamburger Kinder, wenn sie ihre Marmeln werfen. Der „Ditsch" ist der Treffer. Wer bei einer der unzähligen Spielarten seine letzte Marmel erfolglos verspielt hat, ist „buddel" oder „ditsch". Ausnahme: Er bekommt einen „Abklatscher", also einen kleinen Vorrat an Kugeln, um wieder mitspielen zu können.

Dobbas ist wie ➛ *Jonny* ein Begriff zur Bezeichnung einer großen, schweren Sache, eines dicken Brockens. Angesichts eines ungewöhnlich großen Schiffes, das die Elbe hochkommt, könnte es z. B. heißen: „Was'n Dobbas!".

Dödelkram ist verwandt mit ➛ *Tüdelkram* und bezeichnet somit dummes, unsinninges Gerede.

dödeln bedeut soviel wie „trödeln" oder „bummeln". Das Gegenteil davon ist „rödeln" oder „rumrödeln", das für sehr aktiv sein oder heftig arbeiten steht.

dönen ➛ *Tüdelkram, Tühnkram, Tüdelüt* oder *Tüdelei*

Döntjes sind kleine, häufig altbekannte Anekdoten und Geschichtchen, die immer wieder zu hören sind. Viele Döntjes hat Vera Möller in die Lebenswelt ➛ *Klein Ernas* und ihrer Familie Pumeier verfrachtet.

Dösbaddel wird genannt, wer sich dumm oder ungeschickt verhält. Dösig

Dom ist z. B. der, der nicht aufpaßt und vor sich hin träumt. „Du Dösbaddel" muß jedoch nicht grundsätzlich eine Beleidigung bedeuten und kann auch als freundschaftliche Aufmunterung ausgesprochen werden. Früher war die Bezeichnung auch üblich für Menschen, die nicht im Vollbesitz ihrer geistigen Kräfte waren und als „schwachsinnig" bezeichnet wurden.

Traditionsreicher Rummel: der Hamburger Dom auf dem Heiligengeistfeld (Blick von der Budapester Straße)

Dom 1807 war nach dem mehrere Jahre dauernden Abriß Hamburgs großer Dom aus dem Stadtbild verschwunden, und neben der Petrikirche gähnte der leere Domplatz. Doch zu dieser Zeit war der Ursprung dessen, was heute den Hamburgern ihr Dom ist, nämlich das Volksfest mit unzähligen Vergnügungen der Buden und Fahrgeschäfte auf dem Heiligengeistfeld, schon fast 500 Jahre alt. Marktartiges Treiben ist auf dem Gelände der ehemaligen Kathedrale nämlich schon seit 1329 belegt. Hamburgs traditioneller Weihnachtsmarkt wurde schließlich nur noch nach seinem Austragungsort „Dom" genannt, und als er wegen des Kirchenabbruchs 1804 erstmals auf dem Gänsemarkt stattfand, hatte man den Namen einfach mitgenommen. Als der Dom 1892 auf das Heiligengeistfeld verlegt wurde, waren mittlerweile Belustigung und Vergnügen die überwiegenden Handelswaren geworden. Heute werden als „Hamburger Dom" insgesamt drei dort stattfindende Jahrmärkte bezeichnet: der „Frühlingsmarkt", das „Hummelfest" im Sommer und der „Dommarkt" im Spätherbst.

Drehbahn als Name der Straße, die in der Neustadt Dammtorstraße und Caffamacherreihe verbindet, geht auf dasselbe Handwerk zurück, das auf den ➛ *Reeperbahnen* ausgeübt wurde, nämlich die Reepschlägerei, also das Drehen von Schiffstauen. Die im 17. Jahrhundert entstandene Neustadt war zunächst so wenig bevölkert, daß dieses Gewerbe mit seiner raumgreifenden Produktion auf den zum Teil mehrere hundert Meter langen Bahnen hier noch eine ganze Zeit lang ausgeübt werden konnte.

drög steht plattdeutsch für „trocken", dient aber im Sprachgebrauch vor allem zur Bezeichnung eines eher langweiligen Menschen oder einer trockenen Materie („drögen Kerl", „drög Tüch").

Dröhnbüdel ist der, der dröhnt, der also besonders langsam oder umständlich spricht und so mit der Vermittlung der eigentlichen Aussage seiner Rede ungebührlich lange auf sich warten läßt. Ein solcher Mensch ist dröhnig.

Drömel wird genannt, wer generell eine Schlafmütze ist oder wer zufällig gerade geistesabwesend (drömelich) war. „Drömen" heißt „träumen" und „Drömel" eigentlich „Träumer".

Drümpel bezeichnet einen ungeschickten Menschen. Vielleicht leitet sich die Bezeichnung ja davon ab, daß ein Drümpel wegen seiner Tölpeligkeit schon beim Eintreten ins Haus über die Türschwelle stolpert, die plattdeutsch nämlich ebenfalls „Drümpel" (oder „Drömpel") heißt.

duhn Wer duhn ist, ist mindestens angetrunken. Andere Ausdrücke, die im Zusammenhang mit vermehrtem Alkoholgenuß stehen, sind z. B. „angeschickert", ➛ *angetütert* oder das veraltete „Schlagseite haben" (sich also fühlen wie ein havariertes, manövrierunfähiges Schiff). Volltrunkene sind „stickenduhn".

Düwel ok! lautet die plattdeutsche Übersetzung des Fluches: „Teufel auch!"

dumm Tüch heißt auf hochdeutsch „dummes Zeug". Es ist ein Ausdruck für jegliche Form von Unsinn und dient vor allem als disqualifizierender Kommentar von törichtem Gerede.

durabel Das aus dem französische übernommene Wort bedeutet „dauerhaft" oder „beständig" und ist gelegentlich beim Verkaufsgespräch im Fachgeschäft zu hören: „Sehen Sie, beste Qualität und äußerst durabel!"

dwasch "*Nu komm mir bloß nich dwasch!*" ist eine Warnung, daß man dem Sprecher nicht „verquer", nicht „dumm" kommen solle. Das Wort ist die ➛ *missingsche Variante* des plattdeutschen „dwars" (= quer) und kann als „abbeldwasch" auch für jegliches ➛ *dumm Tüch* stehen.

eben und eben dient als Redewendung zur Beschreibung von „So-gerade-noch"-Situationen, wenn also etwas „haarscharf ausgereicht" hat. Frage: *„Krissas hin, dein Kroms pünklich feddich su machen?"* (Wird es dir gelingen, deine Angelegenheit pünktlich abzuschließen?) Antwort: *„Tschä, man ehm-untehm!"* (Na ja, so eben und eben! Zu „Tschä" siehe ➛ *Ja*).

Ehrenwort wahr ➛ *Tatsache wahr*

eien soll ein kleines Kind sein jüngeres Geschwisterchen und nicht ärgern oder gar ➛ *piesacken.* „Eien" stammt aus dem Altenglischen und bedeutet „streicheln, liebkosen" (➛ *ein bei ein*).

ein bei ein ist für die Redewendung „Stück für Stück" oder „einer nach dem anderen" zu hören, kann aber auch „allmählich" oder „nach und nach" bedeuten. Dirks Paulun reimte 1952 einen vierteiligen Mini-Zyklus mit dem Titel EIN-BEI-EIN. Das zweite Stück daraus heißt „Angesichts einer Goldhamster-Familie" und lautet:

„Zu nühtlech! – Nein ...!
Nu kuckma, die Klein'!
Zun Schrei'n!
Stehn auch schon auf zwei Bein'
unt stoppm sich mit'n annern bei'n
ihr Essn inni Backntaschn rein.

Di Felle glänzn so sei'n ...
So richich zun Ei'n.
Abe daaf wol nich sein?
Sint noch zu klein!
Bin bange, bein Ei'n
gehn di ein-bei-ein bei ein."

einholen wird auch in Hamburg als Begriff für das Einkaufen von Lebensmitteln verwandt.

eisch wird ein Kind geschimpft, wenn es ungezogen oder böse war. Das aus dem Mittelniederdeutschen stammende Wort (eislîk) kann allerdings wie ➛ *basch* auch positive Bedeutungen ausdrücken und z. B. für ein ➛ *schickes* Kleidungsstück stehen oder in der Unterhaltung von Jugendlichen über eine Flirtbekanntschaft zu hören sein.

Eisenkrämer

Eisenkrämer ist ein uralter ➛ *Ökelname* für Stahlwarenhändler bzw. Haushaltsgeschäfte, in denen vom Nagel bis zum Schnellkochtopf und der Bohrmaschine alles zu kaufen ist.

Früher zehntausendfach in Hamburg zu sehen, heute eine Seltenheit geworden: der Elbsegler

Elbsegler ist der Name einer in der Küstenregion früher weitverbreiteten dunkelblauen Mütze. Dabei sind jedoch Gestalt und bestimmte Materialien genau festgelegt. Der Elbsegler ist aus Marine-Strichtuch gefertigt und hat einen etwa drei Zentimeter hohen Rand mit Eichenlaub-Verzierung. Über dem Tuchschirm sitzt ein verstellbarer Lederriemen, der bei Sturm unter das Kinn geklemmt werden kann. Dem Elbsegler sehr ähnlich ist der etwas größere Altstädter, der sich von diesem durch einen breiteren Rand und eine Kordel anstelle des Sturmriemens unterscheidet. Mit einem Kniff im Deckel wird der „Hamburger" getragen, so z. B. ehemals von Hans Albers. Die Helgoländer Lotsenmütze, die Altbundeskanzler Helmut Schmidt bekanntmachte, ist höher als der Elbsegler, hat einen Zierbesatz und eine geflochtene Kordel auf dem Schirm. In Hamburg gibt es nur noch einen Werkstattladen, der zugleich der letzte verbliebene Hersteller von Elbseglern in Norddeutschland ist.

Elbvororte ist ein Sammelbegriff für die ehemaligen, überwiegend von Fischern und Seeleuten bewohnten Dörfer, die sich westlich von Ottensen entlang der Elbe erstreckten. Dies waren das winzige Övelgönne, Othmarschen, Flottbek, Nienstedten, Dockenhuden, Blankenese mit Mühlenberg und Rissen. Als Hamburg gemäß der Landgemeindeordnung von 1871 noch offizielle „Vororte" besaß, waren die meisten der genannten

Dörfer noch preußische Landgemeinden in Holstein. Als solche wurden sie 1927 Altona eingemeindet. Offiziell hamburgisch sind die Elbvororte also erst seit dem ➛ *Groß-Hamburg-Gesetz* von 1937/38, als die Stadt an allen Ecken und Enden anwuchs und „Hamburgs schöne Schwester" Altona die Elbvororte als Mitgift in die Zwangsehe mit der Hansestadt einbrachte. Statt Vororte gibt es heute nur noch Stadtteile, und die Kerne der ehemaligen Dörfer an der Elbe liegen heute somit offiziell in Ottensen, Othmarschen, Nienstedten, Blankenese und Rissen, die sämtlich zum Bezirk Altona gehören.

Elleri-selleri-sibberi-sa-sibberi-sabberi-knull lautet ein früher bei Kinderspielen häufig zu hörender Reim zum „Abmälen", wie in Hamburg das Abzählen genannt wird. Kein Wunder, daß es dafür viele Varianten gibt; das Hamburgische Wörterbuch nennt für den zweiten Teil nach „sa" die Alternativen „ribberdi, rabberdi, sull/strull/knarr".

Engel von St. Pauli wurde die Schwester der Straßenmission Bertha Keyser (1868–1964) genannt. Sie war 1913 in die Stadt gekommen und kümmerte sich vorwiegend in den Stadtteilen Neustadt und St. Pauli um die „Gestrandeten". Sie organisierte Spendenaktionen, Essen- und Kleiderausteilungen sowie Obdachlosenunterkünfte. In ihrer Ladenwohnung im Bäckerbreitergang 7, wenige Schritte vom ➛ *Pik As* entfernt, empfing sie bis zu 100 Besucher täglich. Im Alter von 96 Jahren starb Schwester Bertha während der Arbeit mit ihren „Sperlingen". 500 Trauergäste begleiteten den Sarg zum Ohlsdorfer Friedhof.

Etage

Etage In Hamburg lebt man nicht wie der Berliner in „Mietskasernen" und ebensowenig in schnöden „Geschoßwohnungen", sondern man wohnt hier „auf Etage" und meistens natürlich platt-französisch: *auf Etaasche* (mit einem „sch", gesprochen wie Gelee).

Lastesel auf Hamburgs Wasserstraßen. Ein Ewer und zwei Schuten haben am Kohlenlöschplatz des Altonaer Fischmarkts festgemacht.

Ewer bevölkerten bis ins 20. Jahrhundert Hamburgs Wasserwege. Es handelte sich um kleine, flachbodige Frachtsegler mit einem und seit dem 19. Jahrhundert auch mit zwei Masten. Die in vielen Variationen gebauten Boote waren das wichtigste regionale Transportmittel. Auf ihnen wurden z. B. die Waren aus dem Alten Land und den ➛ *Vierlanden* auf die Hamburger Großmärkte geschafft. Größter Ewerhafen war ➛ *Finkenwerder,* auf den Segeln zu erkennen als HF (= Hamburgisch Finkenwerder). Bis sie von der Motorschiffahrt verdrängt wurden, waren zweimastige Ewer mit rundem Vordersteven und Kielschwert in der Küstenfischerei unterwegs. Aus abgetakelten Ewern wurden ➛ *Schuten.*

Ewerführer ➛ *Schute*

Die Fabrik, Deutschlands ältestes Kultur- und Kommunikationszentrum, steht in Ottensen/Barnerstraße.

Fabrik Wer abends die Fabrik in der Barnerstraße in Ottensen besucht, betritt nicht einen Produktionsbetrieb, sondern Deutschlands ältestes Kultur- und Kommunikationszentrum. Es eröffnete 1971 in der dreigeschossigen Halle einer ehemaligen Maschinenfabrik. Bei einem Brand 1977 wurde die Fabrik im Inneren fast vollständig zerstört und erst 1979 wiedereröffnet. Neben häufigen Kunstausstellungen und Workshops gab es hier Auftritte von zahllosen Musikgruppen aus Hamburg, Deutschland und der ganzen Welt. Sie feierten ihre ersten Erfolge oder kehrten wieder einmal zurück in die insbesondere von Jazzmusikern wegen ihrer unnachahmlichen Atmosphäre geschätzten Halle.

Fatuch bezeichnet ein Wischtuch, das in der Küche zum schnellen Reinigen von Schüsseln, Tellern, Tisch- oder Arbeitsflächen benutzt wird. Richey belegt für das 18. Jahrhundert das „Vate-Dook"; „Vate" oder „Fatt" steht für „Schüssel", „Dook" für „Tuch". Das Fatuch (auch wie Fahrtuch gesprochen) ist somit aus einer unvollständigen Übersetzung ins Hochdeutsche entstanden.

Fauleier ➛ *Höft, Hörn* und *Ort*

Fellvoll ➛ *Jackvoll*

fertig mit Jack un Büx Wer in diesen Zustand geraten ist, kann nicht mehr, ist völlig am Ende und komplett fertig, und zwar samt Jacke und Hose eben.

Festmacher ist ein Hafenberuf. Der Festmacher sorgt für das korrekte „Anbinnen" (= Anbinden, ➛ *Anbinner*) der Schiffe an den Pollern oder den Dalben. Wenn ihm die Festmacherleine nicht zugeworfen werden kann, werden die schweren Trossen vom Schiff in ein kleines, starkes Motorboot heruntergelassen, in dem der Festmacher sie entgegennimmt. Als „Festmacher" werden auch die Leinen oder Trossen selbst bezeichnet und ebenso die Handschuhe, die der plattdeutsch „Fastmoker" genannte Arbeiter im Einsatz trägt.

Festmacher im Einsatz. In seinem Boot nimmt er die Trossen der Ozeanriesen entgegen.

Feudel „Aufnehmer" nennen wohl in ganz Norddeutschland nur die wenigsten ihren Scheuerlappen – in Hamburg heißt er „Feudel" oder früher „Feuel" oder „Feul". Zum Feudeln des Fußbodens wird er nicht über einen Schrubber, sondern über einen ➛ *Leuwagen* gelegt.

Fiete und **Fietje** lauten die plattdeutschen Varianten für „Fritz" und „Fritzchen", die Koseformen von Friedrich.

Fischkistendorf ist ein spöttelnder Name für das alte Lurup, heute ein Stadtteil im Bezirk Altona. Als infolge der Weltwirtschaftskrise 1930 viele Altonaer ihre Wohnungen aufgeben mußten, kamen zu den Schrebergärten in dem von Gartenbau geprägten Lurup weitere Laubenkolonien hinzu. Auch während des Zweiten Weltkriegs entstanden hier Behelfsheime für Ausgebombte. Vom ärmlichen Aussehen des Großteils dieser zusammengenagelten Luruper Architekturen leitete sich die Bezeichnung „Fischkistendorf" ab.

Sonntag morgens herrscht auf dem Fischmarkt großes Gedränge. Links die 1895/96 erbaute und 1982–94 restaurierte Fischauktionshalle

Fischmarkt Fisch gibt es auf dem Hamburger Fischmarkt zwar noch jede Menge, er ist aber längst nicht mehr die Hauptsache. Das bunte, frühsonntägliche Treiben erinnert eher an eine Mischung aus Flohmarkt und Volksfest. Das Ganze findet am östlichen Teil der Großen Elbstraße statt, auf dem Gelände des früheren Altonaer Fischmarkts. Auch die Altonaer Fischauktionshalle ist einbezogen. Von 4.30 bis 9.30 Uhr lockt die Veranstaltung Frühaufsteher, Nachtschwärmer vom ➛ *Kiez* und vor allem viele Touristen an, die sich zwischen Imbißbuden und Ständen mit Südfrüchten, Blumen und Flohmarktartikeln drängeln.

fix Das Wörtchen „fix" kommt aus dem Lateinischen und bedeutet hochdeutsch eigentlich „fest" oder „sicher stehend" (fixieren, Fixstern), aber auch „schnell und gewandt". Im Plattdeutschen hat es mehrere Bedeutungen. So kann es zunächst wie das hochdeutsche „sehr" (und teilweise das plattdeutsche ➛ *bannig*) wie die hochdeutschen Wörter „tüchtig", „ordentlich", „gehörig" oder „mächtig" zur Verstärkung angewandt werden: „Der Sturz auf der ➛ *Glitsche* tut ihm immer noch fix weh." Zwei andere, stets positive Aussagen vermittelt „fix" in der Bedeutung von „fein" oder „prima" sowie von „schlau" oder „aufgeweckt" im Sinne von ➛ *plietsch:* Der Kollege Meyer *„iss'n fixen Kerl"* oder das kleine Schulkind *„Tinchen 'ne fixe Deern"*.

Fleegenweert ist plattdeutsch und heißt Fliegenwirt. Noch vor einigen Jahrzehnten wurden Inhaber kleiner Kneipen (auch ➛ *Köminseln* oder ➛ *Pieseleien* genannt) so bezeichnet. Ursprünglich benannte die heute untergegangene Bezeichnung jedoch die im Hafen umherfahrenden Schnaps- und Bierverkäufer. Auf die fliegenden Wirte richtete sich vermutlich der Groll der Gründer und Mitglieder des „Vereins gegen den Mißbrauch geistiger Getränke"; sie haben sie somit zur Errichtung von ➛ *Kaffeeklappen* angespornt.

Fleete werden Hamburgs Innenstadtkanäle genannt. Sie waren bis ins 19. Jahrhundert die wichtigsten Verkehrswege. Auf ihnen gelangten die Handelsgüter aus aller Welt auf ➛ *Ewern* in die wasserseitigen Speicher der langgestreckten Bürgerhäuser oder gingen von hier auf die Schiffe im Hafen und auf der Elbe. Die Fleete dienten sowohl der

Blick durch das Nikolaifleet auf das Rathaus und die Nikolaikirche. Die alten Kaufmannshäuser endeten rückseitig mit einem Speicher zum Fleet. Die Waren wurden mit Schuten in den Hafen gebracht.

Trinkwasserentnahme als auch der Abwassereinleitung und häufig sogar der allgemeinen Müllentsorgung. Die meisten Fleete wurden nach dem ➛ *Großen Brand* und nach dem Zweiten Weltkrieg zugeschüttet, und in der Innenstadt sind nur noch fünf verblieben. Der Begriff „Fleet" diente auch als (Sammel-)Bezeichnung von Teilen der Schiffsausrüstung (Walfang- und Fischereigerät, Takelage) und ist um 1600 auch als Bezeichnung für eine kleinere Verletzung als Folge einer Tätlichkeit belegt.

Fleetenkieker war in früheren Zeiten die offizielle Bezeichnung der mit der Reinhaltung der ➛ *Fleete* betrauten Personen. Sie ging später auf alle Abfallsammler über, die bei Ebbe am trockenen Rand oder im seichten Wasser auf dem Grund nach Brauchbarem suchten. Was als unbrauchbar galt, konnte man „in't Fleet smiten" (ins Fleet werfen). Wenn sich dies als Fehlentscheidung herausstellte und der Betreffende sein Gut nicht selbst wieder herausfischen konnte, war schnell ein Fleetenkieker als dankbarer Auftragnehmer zur Stelle. Heute werden die Fleete einmal jährlich abgesenkt und ihre Gründe gereinigt. 1994 gründete sich mit „De Fleetenkieker" ein Verein für Umwelt- und Gewässerschutz in Hamburg e.V. Er besitzt zwei Flachbodenboote und kümmert sich um den Schutz der Wasserstraßen und ihrer Uferanlagen.

flensen ➛ *Tran*

Fliegender Hamburger heißt der im Mai 1997 in Berlin auf diesen Namen getaufte ICE-Zug der Deutschen Bahn AG. Er benötigt auf der Fahrt von der Hauptstadt an die Elbe mit zwei Stunden und 15 Minuten lediglich drei Minuten weniger als sein volkstümlich so genannter gleichnamiger Vorgänger in den 1930er Jahren. Dieser Schnelltriebwagen mit zwei 410-PS-Dieselmotoren verkehrte als damals weltweit schnellster Reisezug zwischen Hamburg und Berlin. Er wurde 1959 außer Dienst gestellt.

Flora war der Name eines legendären Konzert- und Veranstaltungshauses, das 1889 am ➛ *Schulterblatt* 71–73 in dem zum Teil noch erhaltenen Neo-Renaissance-Gebäude eröffnet hatte. Es beherbergte ein Café, ein Billardzimmer, ein Restaurant und Gesellschaftsräume. Nach 1900 wurde hier Varieté geboten, das zum besten in Deutschland zählte. Mitunter gewalttätige Proteste der Anwohner des ➛ *Schanzenviertels* verhinderten Ende der 80er Jahre den Ausbau für den Musicalbetrieb, und für das „Phantom der Oper" entstand die Neue Flora Ecke Alsenstraße/Stresemannstraße.

Ort vielerlei Vergnügungen: In der Flora trafen sich vor allem viele „kleine Leute" zu Musik- und Tanzveranstaltungen.

Flutkatastrophe Wer in Hamburg von der Flutkatastrophe spricht, meint die verheerende Sturmflut, die in der Nacht vom 16. zum 17. Februar 1962 weite Teile der Stadt unter Wasser setzte. Sie forderte 340 Menschenleben, davon 317 Hamburger, und verursachte Sachschäden in Höhe von ca. drei Milliarden DM. Damals erwarb sich der Chef der noch im Aufbau befindlichen Innenbehörde, Helmut Schmidt (geboren 1918), als tatkräftiger Organisator der Hilfsorganisationen weitbeachtete Verdienste. Später erhielt er den ➛ *Ökelnamen* „Schmidt Schnauze", weil er seine Überzeugungen im eigenen wie im gegnerischen po-

Wie hier in Moorburg stand im Februar 1962 auch in vielen anderen Hamburger Stadtteilen das Wasser meterhoch auf den Straßen. 317 Hamburger kamen ums Leben, unzählige verloren ihr gesamtes Hab und Gut.

litischen Lager ebenso offen aussprach, wie er sie konsequent verteidigte.

Fofftein ist plattdeutsch und heißt „fünfzehn". Als Begriff steht die Zahl für eine rund 15minütige Arbeitspause zum Verzehr des Frühstücks, kann aber auch für andere Pausen gelten. Wer von den Hafenarbeitern keinen *Kaffetäng* (= Tank) in seinem ➛ *Zampelbüdel* trug, konnte sich an der ➛ *Kaffeeklappe* mit Heißgetränken und belegten Brötchen für die Fofftein versorgen.

Franzbrötchen sind seit dem 19. Jahrhundert als eine Gebäckspezialität in Hamburg belegt. Zunächst bezeichnete „Franzbrot" einen langen Laib Brot, das aus besonders feinem, weißem Mehl und mit Butter gebacken war, dem heutigen Baguette vergleichbar. Bald nach der Jahrhundertwende begann eine Hamburger Bäckerei, ihre Franzbrötchen in der Fettpfanne zu veredeln. Heute werden sie aus einem Hefe-Plunderteig mit viel Butter und Zimt in vielen Variationen gebacken. Daß Franzbrötchen eine regionale Spezialität sind, zeigt schon die Tatsache, daß man sie z. B. in Bremen gar nicht und in Lüneburg nur als „Hamburger" kaufen kann.

Damals gefeierte Befreiungstruppen in Hamburg: Am 18. März 1813 zogen Kosaken über den Jungfernstieg.

Franzosenzeit Von 1806–1813/14 war Hamburg von den Truppen Napoleons besetzt. Am Ende des Jahres 1810 wurde es sogar dem französischen Kaiserreich offiziell einverleibt, und zwar als Teil des großen Departements Elbmündung. Dies brachte mit sich, daß die alte Stadtverfassung außer Kraft gesetzt wurde und ein Maire (= Bürgermeister) an die Spitze der neuorganisierten hamburgischen Justiz und Verwaltung gestellt wurde. Er residierte im barocken Görtz-Palais oder „Stadthaus", wie das 1710/11 erbaute Gebäude auf dem Neuen Wall auch genannt wurde. Das Rathaus am ➛ *Neß* wurde Gerichtsgebäude. Die Bevölkerung litt stark unter den Franzosen, die nach einer kurzen Unterbrechung ihrer Besetzung im Frühjahr 1813 die noch von ihren alten Wällen umgebene Stadt zur Festung ausbauten. In der Umgebung wurden alle Bäume gefällt und Häuser abgerissen, um freies Schußfeld gegen anrückende Truppen zu haben. Eine Tragödie spielte sich am Weihnachtsabend 1813 ab, als 20 000 Menschen, die sich nicht, wie befohlen, mit Lebensmitteln für drei Monate versorgt hatten, aus der Stadt getrieben wurden. Über 1 100 Menschen fanden dabei den Tod. Als Napoleons Heere geschlagen waren und der Kaiser selbst abgedankt hatte, verließen die französischen Soldaten am 30. Mai 1814 Hamburg endgültig.

Frech wie Oskar ➛ *Wucht in Tüten*

Freibrief ➛ *Hafengeburtstag*

Freiheit ➛ *Große Freiheit*

fühnsch ist der Hamburger, wenn er durch plötzlich aufsteigenden Ärger „in brass" geraten, also wütend geworden ist (auch: *„inne brass"*).

furchtbar ist ein in Hamburg *foichba* häufig gebrauchtes Wort. Seine Bedeutungsmöglichkeiten erschließen sich im Grunde schon durch die Beispiele, die Dirks Paulun für seine aus dem Stegreif notierten sechs Hamburger Aussprachevariationen formuliert hat:

„foichba nett von dir,
fohrchbahrer Stohrm,
fuichba hungrich,
fubba ferlihpt in dich,
fobbe fihl Loite,
fuhbah bitterer Ernst."

Wenn es zur Verstärkung eines Adjektivs nicht ausreicht, kann es durch „fürchterlich" ersetzt werden, in dem das „r" dann jedoch nicht so *foachba* umständlich zu sprechen ist wie in „furchtbar", sondern – im Gegenteil – besonders effektvoll zum Klingen gebracht werden kann.

Fußball ➛ *Schangs* und *Schanze*

Der Große Bäckergang und seine Bewohner vor rund hundert Jahren. Der Fotograf Paul Wutcke dokumentierte in vielen Bildern das Leben in den Gängevierteln.

Gängeviertel ist ein Begriff für die sich vom 17. bis ins 19. Jahrhundert fortwährend verdichtenden Wohnviertel der Mittel- und Unterschichten in der Hamburger Alt- und Neustadt. In dem Maße, wie die Stadtbevölkerung wuchs, wurden die oft nur wenige Meter breiten Straßen, die Gänge, immer verwinkelter und die (Fachwerk-)Häuser zur Schaffung weiterer Wohnflächen enger und höher gebaut und umgebaut. In der zweiten Hälfte des 19. Jahrhunderts begann langsam der Abriß der Gängeviertel, die mittlerweile völlig verelendet waren. Hier fand die ➛ *Cholera* 1892 ihre reichste Ernte. Das letzte Quartier wurde Ende der 1930er Jahre in der Neustadt niedergelegt.

Gang 1. „Gang" war die Bezeichnung für eine der kleinen, geschlossen bebauten Straßen, die durch ein ➛ *Gängeviertel* führten.
2. „In Gang sein" bedeutet „mit einer Sache beschäftigt sein", und dementsprechend ist *„Komm inne Gang!"* (oder

„Komm inne Gänge!“) die Aufforderung, mit etwas anzufangen oder einfach sich in Bewegung zu setzen.
3. Das englische Wort „gang“ für eine kleine Gruppe fand Eingang in die Sprache des Hafens. Hier meint es die in einer Schicht zusammenarbeitenden Männer (➛ *Schwarze Gang*). „Gangway“ heißt übrigens englisch „Landgang“ und bezeichnet auch die aufrollbare „Jakobsleiter“ mit hölzernen Sprossen, die über die Reling an der Bordwand heruntergelassen wird, oder die seitlich auf den Kai abgesenkte Treppe.

geboren/ gebürtig

geboren und **gebürtig** konnten als Begriffe noch vor wenigen Jahrzehnten auch in Hamburg eine mitunter schroffe Unterscheidung darstellen, zumindest in der gehobenen Bürgerschicht der Stadt. Durfte sich z. B. Frau Soundso „eine Geborene“ nennen, entstammte sie einer zumindest halbwegs bekannten, schon länger in der Stadt ansässigen Familie der Oberschicht, während bloß „gebürtigen“ Hamburgern der Eingang in die Kreise der feineren Gesellschaft nicht ohne weiteres gewährt wurde.

gediegen bezeichnet im hochdeutschen Sprachgebrauch etwas von unbestreitbarem Wert, etwas Reines und Gutes, das stets waschecht ist. Dem Hamburger jedoch scheint soviel Positives offensichtlich ein wenig suspekt zu sein, denn in der Hansestadt kann dem Ausdruck auch die Bedeutung von „nicht ganz koscher“ oder „merkwürdig“ zukommen: *„Was der alles so von sich erzählt, dascha gediegen.“* Auch ein Ausruf des Erstaunens kann lauten: *„Ischa gediegen!“* Für „gediegen“ ist auch „idelig“ zu hören: *„Ischa idelig!“*

Gedöns ➛ *Tüdelkram, Tühnkram, Tüdelüt* oder *Tüdelei*

Geht los! oder plattdeutsch „Geiht los!" ist eine Variante des Schnacks ➛ *Mookt wi!* Es steht für den Satz: „Ich beginne (oder: wir beginnen) in diesem Augenblick mit der Erledigung der So-und-so-Angelegenheit."

Glitsche ist der Begriff für eine Eisbahn, auf der nach kurzem Anlauf stehend entlanggeglitscht („gerüscht") wird. Sie kann ebenso durch Beiseiteräumen von Schnee auf zugefrorenen Gewässern entstehen wie auf Fußwegen oder Straßen durch Ausschütten von Wasser angelegt werden. Wer auf der Glitsche glitscht, dem soll man nicht in die Quere kommen! (➛ *Platz vor der Glitsch!*)

glupsch guckt der, dessen Gesichtsausdruck (Hinter-)Gedanken nicht verheimlichen kann. Die Augen werden schmaler, wenn er lauernd irgendwelche tückischen Absichten verfolgt, oder größer, wenn sein plötzliches Begehren einer Sache unfreiwillig offensichtlich wird.

gnadderig oder **gnatterig** ist der, der unzufrieden und somit nörgelig ist.

gnatzig bedeutet „ärgerlich" oder „gereizt", und wer einen solchen Eindruck macht, ist ein Gnatzkopf.

Grabbelbüdel wird eine kleine mitgeführte Tasche genannt, in der ihr Besitzer alles mögliche hineinsteckt und mit sich herumträgt. Um eine Utensilie herauszufischen, muß er darin herumgrabbeln, was hochdeutsch etwa mit „wühlen" oder „fingern" übersetzt werden könnte. Viele „Hamburger Schnurren und Denkwürdigkeiten" hatte der Jurist und Autor Franz Theodor Mönckeberg in seinem Grabbelbüdel gesammelt. Als er 1950 genug hatte, schüttete er den Inhalt in ein kleines Buch hinein und nannte es treffend „Grabbelbüdel" (zweite Auflage unter dem Titel „Hamburger Kaleidoskop" 1954).

Grappen „He het allwedder Grappen in'n Kopp!" ist plattdeutsch und würde jemandem gelten, der Grillen, Schrullen, Flusen oder sonstwie bezeichnetes sonderbares, närrisches Tun oder Reden an den Tag legt. „Grappen" kann aber auch einfach für jedwede „spaßige Einfälle" stehen. Die Herkunft des Wortes ist nicht belegt.

Grimm heißt eine als „Im Grimm" schon 1248 erwähnte Straße im Stadtteil Altstadt zwischen Gröninger- und Katharinenstraße, nahe der Katharinenkirche. Zugleich bezeichnet der wohl auf einen frühen Anwohner zurückgehende Name die dem ➛ *Cremon* östlich benachbarte ehemalige Alstermarschinsel, die sich im 13. Jahrhundert mit ihr zum ➛ *Kirchspiel* St. Katharinen zusammenschloß. Der Volksmund entwickelte aus dem Straßennamen die Frage, wo (nicht: wie) Kain seinen Bruder Abel erschlagen habe; Antwort unter Hinweis auf die entsprechende Stelle in der Bibel: „Im Grimm". Im Verlauf des 19. Jahrhunderts hieß die Straße dann nur noch „Grimm".

Grog ist ein typisch norddeutsches Heißgetränk, das sich an kalten Tagen bestens zum Aufwärmen eignet. Im alten Hamburg war es viel weiter und vor allem ganzjährig verbreitet, besonders in den unzähligen Hafenkneipen (➤ *Vorsetzen*). Das ausführliche Rezept faßt ein uralter ➤ *Schnack* völlig ausreichend zusammen: Rum muß, Zucker darf, Wasser kann. Der „steife Grog" wird kurz „Stieben" genannt.

Große Freiheit ist eine legendäre Altonaer Straße, die erst 1949 dem Stadtteil St. Pauli und somit dem Bezirk Hamburg-Mitte zugeschlagen wurde. Ihr Name und der der parallel verlaufenden, 1688 so benannten Kleinen Freiheit erinnern daran, daß Altona ab 1611/12 in diesem Bezirk volle Freiheit in Glaubens- und Gewerbeangelegenheiten anbot – sehr zum Ärger des Hamburger Handwerks (➤ *all to nah*). Ihre Berühmtheit verdankt die Straße vermutlich vor allem dem 1944 entstandenen Film „Große Freiheit Nr. 7", in dem der Hamburger Hans Albers als Hannes Kröger seine Lebensrolle sang und spielte. Schon einige Jahrzehnte zuvor hatte das Amüsierleben dem Arbeiterviertel ein verändertes Gepräge gegeben. Hier betrieb z. B. Paul Becker sein Hippodrom, in dem bemitleidenswerte Ponys die Gäste zur Musik im Kreis herumtrugen.

Blick von einer „sündigen Meile" in die nächste: die Große Freiheit von der Reeperbahn aus gesehen

In der Rock-'n'-Roll-Szene der ganzen Welt bekannt wurde die Freiheit in den 1960er Jahren durch den Star-Club. Hier feierten neben vielen anderen auch die Beatles ihre ersten Erfolge. Als er schloß, zog auch in seine Räume die Erotik- und Sex-Unterhaltung ein, die heute einen Großteil der abends für den Autoverkehr gesperrten Straße beherrscht.

Großer Brand 51 Tote, 130 Verletzte, 1 750 zerstörte Gebäude und somit rund 20 000 obdachlose Hamburgerinnen und

Hamburger wurden nach der Katastrophe des Großen Brandes vom 5. bis zum 8. Mai 1842 gezählt. Angefangen hatte alles mit einem Speicherbrand in der Deichstraße 38. Vorausgegangene Trockenheit und anhaltender Wind ließen ein Großfeuer entstehen, das sich Richtung Norden und Osten seinen Weg durch die Stadt fraß. Auch die Sprengung des Alten Rathauses hatte keine so große Schneise geschaffen, als daß sie den Brand hätte stoppen können. Erst am Morgen des 8. Mai kamen die Flammen auf Höhe der heutigen Straße ➛ *Brandsende* endgültig zum Stillstand. Die Nachricht vom Großen Brand wurde Zeitungsschlagzeile in ganz Europa, und von überall her erreichten spontane Hilfssendungen die Stadt.

Blick von der Lombardsbrücke auf das brennende Hamburg. 51 Menschen kamen in den Flammen um, 20 000 wurden obdachlos.

Großer Burstah heißt eine der Hamburger Ur-Straßen, die im 14. Jahrhundert als „Bei dem Burstah" belegt ist. Sie geht zurück auf den ältesten, die untere Alster stauenden Mühlendamm der Stadt. Er entstand am Ende des 12. Jahrhunderts. Die Silbe „bur" bedeutet „Bauer" oder „Bürger", „stah" oder „stat" soviel wie „Ufer" oder „Gestade". Der Große Burstah ist also ein Bürgerufer, auf dem nach seiner Fertigstellung selbige vermutlich nicht ohne Stolz entlanggingen. Einer ➛ *Spökenkiekerei* nach soll der Name im Zuge eines hier zwischen Brauerknechten und Bauern ausgetragenen Kampfes aufgekommen sein. Den flüchtenden Bauern hätten die Brauer ein „Bur stah!" („Bauer, bleib stehen!") hinterhergerufen.

Groß-Hamburg Ähnlich wie 1920 aus der deutschen Hauptstadt durch die Eingemeindung von insgesamt sieben Städ-

ten und zahlreichen Vororten ein Groß-Berlin geschmiedet worden war, entstand infolge des Groß-Hamburg-Gesetzes von 1937 auch ein Groß-Hamburg. Die Stadtfläche wuchs bis zum April des folgenden Jahres um rund 80 Prozent, die Einwohnerzahl stieg um 40 Prozent auf fast 1,7 Millionen Menschen. An Hamburg fielen die bisher preußischen Stadtkreise Altona, Wandsbek, Harburg-Wilhelmsburg und zahlreiche Landgemeinden. Im Gegenzug verlor die Hansestadt unter anderem ihre beiden Städte Cuxhaven und Geesthacht an die preußischen Provinzen Hannover und Schleswig-Holstein. Der Widerstand vor allem der süderelbischen
Gebiete war im NS-Unrechtsstaat zur Erfolglosigkeit verdammt, und ein gewaltiger Wirtschafts- und Verwaltungsraum links und rechts von Alster und Elbe kam unter die Regie des Hamburger Reichsstatthalters.

Grünhöker werden in Hamburg die Betreiber von Grünläden, also Obst- und Gemüseläden, genannt. Da sich jedoch die „Hökerei" der „Höker", wie der plattdeutsche Begriff für Kleinhändler lautet, in der Regel nicht mehr zu lohnen scheint, finden die Betriebe kaum noch Nachfolger. Vor allem türkische Geschäftsinhaber haben das Marktsegment für sich entdeckt und weitgehend besetzt. Wer also schnell an der Ecke noch ein paar ➛ *Wurzeln* oder sonst etwas ➛ *einholen* möchte, geht heute vermutlich eher zum „Türken" als zum „Grünhöker".

Grus und Mus Grus (wie Mus mit langem „u" gesprochen) ist die zerkleinerte, zerbröselte Form einer Sache, z. B.

Bruchstein, Schutt oder der Zucker in der Dose. Wenn es aber von einer Sache heißt, es sei von ihr nur noch Grus und Mus übriggeblieben, dann ist vermutlich gar nichts mehr „mit ihr los", denn die Redewendung bedeutet soviel wie „Schutt und Trümmer". Aber auch im Sport kann ein Wettkampf so kraß ausfallen, daß ein Kontrahent zu „Grus und Mus gehauen" wurde.

Hachmanns Kinderwagen wurden früher die Gefängniswagen genannt, die die Häftlinge von der Strafanstalt (➛ *Santa Fu*) durch die Stadt zu den Gerichten am Sievekingplatz (→ *Justizforum*) oder zum Untersuchungsgefängnis am Holstentor (Holstenglacis) beförderten. Der Senator Gerhard Hachmann wurde Namengeber, weil er 1886–99 Hamburgs oberster ➛ *Udl* war, also als „Erster Polizeiherr" an der Spitze der Polizeibehörde stand. Als solcher residierte er auf dem Neuen Wall 86 im Görtz-Palais, das unter einem seiner Vorgänger, dem allseits beliebten Carl Friedrich Petersen, „Petersen-Haus" genannt wurde.

Hafen-Balkon wird die 1974 auf dem ➛ *Stintfang* vor der Jugendherberge errichtete Aussichtsterrasse genannt, die bei guter Sicht zu einem herrlichen Blick über den Hafen einlädt und bei Nacht seine zahllosen Lichter vorführt.

Hafengeburtstag ist der 7. Mai. An diesem Tag des Jahres 1189 soll angeblich Kaiser Friedrich I. Barbarossa ein Dokument, den sogenannten Freibrief, besiegelt haben. Sein Inhalt hätte die zu dieser Zeit gegründete Neustadt mit weitreichenden Begünstigungen bedacht. Die hamburgische Geschichtswissenschaft kann dies allerdings nicht länger belegen, seitdem die im Hamburger Staatsarchiv überlieferte Urkunde sich als Fälschung aus der Zeit um 1265 herausgestellt hat. Das muß jedoch nicht bedeuten, daß die Neustadt nicht doch vom Kaiser diese oder ähnliche Privilegien und Freiheitsgarantien in einer möglicherweise verlorengegangenen Urkunde erhalten hat. Ob wahr oder nicht: Die jährliche Feier des Hafengeburtstages zwischen ➛ *Baumwall* und St. Pauli-Landungsbrücken bleibt ein fester Termin im Hamburger Volksfestkalender.

Die zugefrorene Binnenalster, vom Neuen Jungfernstieg aus gesehen, im Jahr 1840. Es ist kurz vor Weihnachten, rechts im Bild sind Kinder mit Weihnachtsbäumen unterwegs. Lithographie von Peter Suhr

Hamburgensie Der Begriff bezeichnet zunächst etwas unverwechselbar „Hamburgisches" und ist nichts anderes als die latinisierte Form ebendieses Wortes. Er entstand in der ersten Hälfte des 19. Jahrhunderts zur Bezeichnung von pittoresken graphischen Darstellungen hamburgischer Motive, die bis heute begehrte Sammel- und Handelsobjekte sind. Anfang und Inbegriff der Hamburgensie bilden wohl die Arbeiten der Gebrüder Suhr. Daneben gelten ebenso Hamburg-Bücher als Hamburgensien, besonders dann, wenn sie qualitätvolle Abbildungen aus der Stadt enthalten oder von der Stadtgeschichte handeln.

Hamburger Berg lautete bis 1833 der Name St. Paulis. Westlich von der Hamburger Innenstadt steigt hier das Gelände leicht an, was in der Norddeutschen Tiefebene schnell zur stolzen Bezeichnung „Berg" anspornt (➛ *Bergstraße*). Schon zur Zeit der Umbenennung waren hier Amüsierbetriebe in ihren „Spielbuden" angesiedelt, und es gab bereits Bordellwirtschaften. Im 17. Jahrhundert waren hier Wohnhäuser errichtet worden, und Gewerbe hatte sich angesiedelt. Nachdem in Hamburg 1643 der Walfang („Grönlandfahrt") in ➛ *Gang* gekommen war, begann 1649 die erste von bald mehreren Tranbrennereien ihre berüchtigt streng riechende Produktion (➛ *Tran*). Die Gegend gehörte zum ➛ *Kirchspiel St. Michaelis*, galt als Kleine-, wenn nicht Arme-Leute-Quartier und mußte sich Spottverse gefallen lassen wie: „Michaelis de Pracht, Hamborger Barg gode Nacht" oder „Michaelis de Glanz, Hamborger Barg de Swanz". An den Hamburger Berg erinnert namentlich die Straße zwischen ➛ *Reeperbahn* und Simon-von-Utrecht-Straße.

Hamburger Butterbrot

Hamburger Butterbrot ist eine mit Wurst und einer Scheibe Schwarzbrot belegte ➛ *Rundstückhälfte.* Im 19. Jahrhundert ist der Begriff auch als Bezeichnung für zwei gebutterte, zusammengeklappte Scheiben Schwarz- und Weißbrot überliefert und in einer anderen Variante als Schwarzbrot mit Käse und zwei Brötchenhälften.

Hamburger Rauchfleisch war lange Zeit eine weit über Hamburgs Grenzen hinaus bekannte Delikatesse. Ein alter Brockhaus berichtet, daß die hervorragende Qualität des gepökelten und geräucherten Rindfleisches sowohl der guten Behandlungsmethode als auch dem saftigen Fleisch der holsteinischen Marschochsen zuzuschreiben sei. Schon der Dichter Heinrich Heine (1797–1856) stellte fest, „daß das Rauchfleisch eine gute, für den Menschen heilsame Erfindung ist". Nach ihm lobte es auch der Sozialist Friedrich Engels (1820–1895) und lange vor ihm bereits der Dichter Gotthold Ephraim Lessing (1729–1781) in seiner Hamburger Zeit. Er gab jedoch auch kritisch zu bedenken, daß der Mensch nicht vom Rauchfleisch allein, sondern auch „von einem guten Gespräche" lebe.

Hamburger Speck heißt ein Schnoopkrom (➛ *schnoopen*) aus Zucker, das die Hamburger Landesfarben (Weiß-Rot) in der Variante rot-weiß-rot zeigt. Seinen Namen erhielt die Süßigkeit, weil seine Plattenform an durchwachsenen Speck erinnert. In den Farben Rot-Weiß-Grün ist es als Helgoländer Speck *(„Helgolänner Sbägg")* oder Helgoländer Schnitten bekannt.

Hamburgs Schutzpatronin Hammonia auf einer Illustration für einen Buchtitel von 1926

Hammonia ist Hamburgs Stadtmutter oder Schutzpatronin. Ältere männliche Beschützer und angebliche Namengeber Hamburgs waren von Gelehrten des frühen 16. Jahrhunderts ausgemacht worden, hatten sich aber bald wieder verloren. Ihnen folgte „Hammonia", dargestellt zumeist mit Mauerkrone, Merkurstab sowie dem auf einer Stange getragenen Freiheitshut. Seit dem 18. Jahrhundert wurde sie die anerkannte Stadtmutter und variantenreich in Gedichten, Schriften und Liedern (➛ *Hammonia-Lied*) genannt und zur Ausgestaltung des Hamburger Wappens sowie auf Münzen und Medaillen abgebildet. Sie ist auch in der künstlerischen Ausgestaltung des Rathauses zu sehen, besonders imposant außen am Turm. In der NS-Zeit paßte Hammonia als Freiheitssymbol in keiner Weise in die kontrollierte Ideologie der Machthaber und wurde beiseite geschoben.
Heute wird Hammonia gelegentlich wieder als altes Sinnbild städtischer Identität zitiert und abgebildet.

Hammonia-Lied heißt die Nationalhymne der Hamburger. Erstmals wurde das Lied 1828 öffentlich gesungen und bald darauf als Schlußgesang eines im Stadttheater aufgeführten Schauspiels in der ganzen Stadt bekannt. In den 1890er Jahren wurde der Text umgearbeitet und gekürzt. Man wird vermutlich „Stadt Hamburg an der Elbe Auen" nirgendwo stilvoller anstimmen können als auf dem Rathausmarkt, und zwar am Neujahrsmorgen zu den Klängen des Polizeiorchesters. Zu singen ist:

1. Stadt Hamburg an der Elbe Auen,
wie bist du stattlich anzuschauen
mit deiner Türme Hochgestalt
und deiner Schiffe Mastenwald.
Refrain:
Heil über dir! Heil über dir,
Hammonia, Hammonia!
O, wie so herrlich stehst du da!

2. Reich blühet dir auf allen Wegen
des Fleißes Lohn, des Wohlstands Segen;
so weit die deutsche Flagge weht,
in Ehren Hamburgs Name steht.
Refrain

3. In Kampf und Not bewährt aufs neue
hat sich der freien Bürger Treue,
zur Tat für Deutschlands Ruhm bereit,
wie in der alten Hansezeit.
Refrain

4. Der Becher kreis' in froher Runde,
und es erschall aus Herz und Munde:
„Gott wolle ferneres Gedeihn
der teuren Vaterstadt verleihn."
Refrain

Handeule oder **Handuhle** bezeichnet in Hamburg einen Auffeger mit kurzem

Griff. Das Wort „Uhl“ ist der plattdeutsche Name der Eule, deren Flügel vermutlich einmal als Handfeger verwertet wurden. Das zur Uhle gehörende Kehrblech heißt Schaufel, ein Wort, das in Hamburg generell für „Schippe“ steht. Im alten Hamburg wurden die Kehrbesen mit langem und kurzem Griff dementsprechend auch als Lange und Kurze Uhle unterschieden.

Handstein ist ein alter Name für den Ausguß in der Küche.

Hans und Franz ➛ *Hühn un Pedühn*

Haubano (auf der ersten Silbe betont) *„Haubano“* nuschelt es regelmäßig bis zur Unkenntlichkeit aus den Lautsprechern der S- und U-Bahnsteige des Hamburger Hauptbahnhofs und ebenso aus denen der Busse und älteren Bahnen, wenn sie sich ihm nähern.

Hauptpastor Hamburg hat fünf Hauptpastoren, und zwar je einen als Repräsentanten der alten ➛ *Kirchspiele.* Vor Schaffung der Nordelbischen Evangelisch-Lutherischen Kirche im Jahre 1977 kamen ihnen in ihren Gemeinden kirchenleitende Funktionen zu. Ihr Name entstand im 17. Jahrhundert. Damals führten die Hauptpastoren die Aufsicht über alle anderen Geistlichen und über das gesamte Schulwesen in ihrem Kirchspiel. Die hochdotierten Stellen waren sehr begehrt, und nur besonders gebildete und bereits anerkannte Geistliche hatten Aussicht, eine Nachfolge anzutreten.

He lücht! bekommen zuweilen noch heute die Passagiere einer Hafenrundfahrt von Arbeitern auf den Kais, Schif-

fen und Docks zugerufen. Hintergrund des Ausrufs, der auf hochdeutsch „Er lügt!" bedeutet, sind die oft allzu blumigen Erklärungen und Übertreibungen zum Hafenalltag, die von den Schiffsführern der Rundfahrtflotte zur Unterhaltung der Passagiere zum besten gegeben werden. In der Anfangszeit der 1921 von der HADAG begonnenen Rundfahrten war die Zahl der im Hafen Beschäftigten noch um ein Vielfaches höher als heute. Daher kamen die Boote ständig in die Rufnähe von Arbeitern, die somit die Ausführungen über ihre tägliche Arbeit zu hören bekamen und dies kurzerhand mit dem Ruf „He lücht!" kommentierten.
Einem alten He-lücht-Döntje nach, *„is der Turm vom Michel einmolig in der Welt, verehrte Herrschaften, denn von oben kann man drei Meere sehn!"* – „Wie das?" – *„Tschä, tagsüber das Häusermeer, abends das Lichtermeer und inne dunklen Nacht gornix mehr!"*

Hein ist die Kurzform für Heinrich, einen noch vor einem halben Jahrhundert auch in Hamburg sehr verbreiteten Namen. „Heini" wird zumeist respektlos als Stellvertreterbenennung für einen unbekannten Mann verwendet: „Was'n das für'n Heini?" oder „Da kommt so'n Heini und will was."

Hein Gas ist der volksmundliche Name für die Hamburger Gaswerke. Der Ursprung dieser Bezeichnung ist älter als das 1844 gegründete Unternehmen selbst, denn Hein Gas war der ➛ *Ökelname* für einen Hamburger Gastwirt, der sein erstmals 1823 aus Steinkohle destilliertes Leuchtgas in wohlhabende Privathaushalte lieferte. Die Hamburger Gaswerke sind Ende der 90er Jahre mit etwa 630 000 Kunden das größte kommunale Erdgasversorgungsunternehmen Deutschlands.

Helgen oder **Helling** ist der zum angrenzenden Wasser leicht abfallende Schiffbauplatz einer Werft. Hier erfolgt die Montage des Körpers und der Aufbauten eines Schiffs bis zum Zeitpunkt seines Stapellaufs.

Helgoländer Schnitten ➛ *Hamburger Speck*

Herbertstraße heißt die neben ➛ *Reeperbahn* und ➛ *Großer Freiheit* wohl bekannteste und berüchtigste Straße auf dem ➛ *Kiez.* Um die Prostitution hier besser beaufsichtigen zu können, ließ die Stadt die Straße um 1900 zu einer geschlossenen Wohnanlage umbauen. An der nur für volljährige männliche Fußgänger zugelassenen Straße liegen ausschließlich Bordelle, in denen etwa 200 Prostituierte tätig sind. Im Erdgeschoß der Häuser präsentieren sich die Damen in den sogenannten Koberfenstern (➛ *Koberer*).

Herrlichkeit „Oh, wie so herrlich stehst du da!" heißt es im Refrain des ➛ *Hammonia-Liedes* als Lobpreis der Schönheit der Stadt. Die im Stadtteil Hamburg-Altstadt entlang dem Alsterfleet verlaufende Straße „Herrlichkeit" hat ihren Namen jedoch aus ganz anderen Gründen erhalten. Die Bezeichnung rührt wahrscheinlich daher, daß in diesem weitgehend aus Gärten bestehenden Gebiet nur die Ratsherren Nutzungsrechte besaßen. Ebenso ist der Straßen- und Fleetname Herrengraben (früher „Bei der

Herren Graben") entlang dem gleichnamigen ➛ *Fleet* zu deuten.

Höft, Hörn und **Ort** stehen plattdeutsch für „Spitze" und deuten auf besonders hervorstechende Ecken in Landschaft oder Straßenführung oder auch auf einzelne vorspringende Gebäude hin. Prägnantes Beispiel ist Köhlbrandhöft, die Spitze der Landzunge zwischen dem Köhlbrand und dem Kohlenschiffhafen, weithin erkennbar an den „Fauleiern", wie die zehn eiförmigen Faultanks des dortigen Klärwerks genannt werden.

högen Wer sich högt, zeigt lebhafte Freude, amüsiert sich großartig und schlägt sich vielleicht sogar vor Vergnügen auf die Schenkel – viel und gerne natürlich aus Schadenfreude. Als Hamburg noch das ➛ *Brauhaus der Hanse* war, feierten die im Brauereigewerbe Beschäftigten alle zwei Jahre ihre „Höge", ein großes, üppiges Festessen in ihrem Brüderschaftshaus am Rödingsmarkt.

Holl di! wird mit langem „o" gesprochen, heißt hochdeutsch „Halte dich!" und meint soviel wie: „Bleibe standhaft und laß dich nicht umwerfen!" Mögliche Ergänzungen dieses Abschiedswunsches lauten nach „Holl di": gesund, senkrecht, saftig. Besonders verbreitet war und ist gelegentlich noch: „Holl di stief!" Paul Möhring berichtet, wie „Holl di!" als Hamburger Schlachtruf in den 1870er Jahren im Zirkus Renz geprägt wurde. Der weltbekannte Hamburger Ringkämpfer und Kraftathlet Emil Naucke (1855–1900) ging damals in einen schweren Kampf gegen den Franzosen Christol und drohte zu unterliegen. Einer der Zuschauer machte mit dem „Naucke – holl di!" den Anfang, und sofort fiel jede Menge Publikum in die Anfeuerung ein. Eigentlich unnötig zu erwähnen, daß der über 200 Kilogramm auf die Waage bringende Mann von der Insel Poel den Kampf gewann. 1896 eröffnete der „dicke Naucke" am Spielbudenplatz ein Varieté.

Holl fast! ist ein plattdeutscher Zuruf mit ganz unterschiedlichen Bedeutungen, gesprochen, wie ➛ *Holl di!*, mit langem „o". Zunächst stellt er die Aufforderung an eine Person dar, sich festzuhalten oder, in Gefahrensituationen, sich einen festen Stand zu verschaffen und auf seine Sicherheit bedacht zu sein. Im großen Hafenarbeiterstreik 1896/97 war „Jungens, hoolt fast!" der Schlachtruf, mit dem man sich gegenseitig aufforderte, im Kampf um bessere Arbeitsbedingungen unnachgiebig zu bleiben. Dagegen gilt „Hoolt fast" ansonsten als das Kommando zum Aufhören, und das sowohl in der Arbeitssprache des Hafens als auch in der komplizierten Fachterminologie des ➛ *Ditschens mit Marmeln*.

Horborger ist die plattdeutsche Bezeichnung für die Harburger, die Bewohner der früheren Stadt und des heutigen Stadtteils Harburg im gleichnamigen Bezirk jenseits der Norderelbe. Um die Horeburg (= Sumpfburg) entstand im Mittelalter eine braunschweig-lüneburgische Siedlung, die Keimzelle der späteren Stadt. Seit 1866 lag Harburg in der preußischen Provinz Hannover. Durch zahlreiche Eingemeindungen, umfangreiche Industrieansiedlungen sowie den steten Ausbau der Hafenanlagen wurde es bis zum ➛ *Groß-Hamburg-Gesetz* von

1937/38 Hamburgs starke Industriekonkurrenz an der Süderelbe. 1927 war durch Zusammenschluß die Großstadt Harburg-Wilhelmsburg entstanden. Wirtschaftliche Rivalität und städtische Nachbarschaft schlugen sich in zahlreichen Sprüchen und Spottversen nieder. Nur geographisch begründet und somit gänzlich harmloser Natur ist eine alte, aber niemals an Aktualität verlierende Weisheit aus den östlich benachbarten ➛ *Vierlanden.* Wenn dort abends die Sonne untergeht, wird plattdeutsch gemutmaßt: „De Horborger treckt de Sünn von'n Heben" (Die Harburger ziehen die Sonne vom Himmel).

Hühn un Pedühn

Hühn un Pedühn steht für „alle möglichen Leute" und ist somit wie „Hans und Franz" ein Ausdruck wie das in ganz Deutschland verbreitete „Hinz und Kunz".

Hummel, Hummel – mors, mors gilt als Hamburgs Schlacht- oder Erkennungsruf. „Hummel" war ursprünglich der ➛ *Ökelname* eines Wasserträgers in der Neustadt. Er lebte von 1787 bis 1854, hieß eigentlich Johann Wilhelm Bentz und soll griesgrämig, reizbar und nicht zuletzt etwas beschränkt gewesen sein. Den Neustädter Jungs jedenfalls, die ihm ihr „Hummel, Hummel" nachriefen, knurrte er regelmäßig ein „mors, mors" zurück, was bis heute eine ähnliche Aufforderung bedeutet wie das plattdeutsche ➛ *„Klei di an'n Mors"* (➛ *kleien,* ➛ *mors*) und sich im Schrifthochdeutsch am anständigsten als „Götz-Zitat" liest.

Freche Hamburger Straßenjungs verschafften ihm unfreiwillige Berühmtheit: der Wasserträger Benz, genannt „Hummel", auf einem Holzstich Ende des 19. Jahrhunderts

Als die Hamburger Autofahrer nach den britischen Kennzeichen seit 1956 wieder mit ihrem alten, 1910 eingeführten

Idioticon Hamburgense

„HH" auf den Nummernschildern durch die junge Republik fuhren, erlebte der Spruch neue, überregionale Belebung. Im Zuge der Autoflut und der allgemeinen Moblilität ist der Zuruf in Vergessenheit geraten. Daher gilt es heute sicher nicht mehr, was der genaue Beobachter der Hamburger Kulturszene und ausgewiesene Kenner der Stadt, der Journalist Hans Harbeck, 1930 ironisch, aber vermutlich zutreffend aufschrieb: „Das ‚Hummel, Hummel' nebst seinem schlagkräftigen Echo ist zum Feldgeschrei und zum unfehlbaren Erkennungsmittel für alle Hamburger geworden und gehört zum Begriff der deutschen Welthafenstadt wie das Amen zum Gebet."

IDIOTICON
HAMBVRGENSE
oder
Wörter-Buch,
Zur Erklärung
der eigenen,
in und üm Hamburg gebräuchlichen,
Nieder-Sächsischen
Mund-Art.
Jetzo vielfältig vermehret,
und mit
Anmerckungen und Zusätzen
Zweener berühmten Männer,
nebst einem Vierfachen Anhange,
ausgefertiget
von
Michael Richey, P.P.

Hamburg,
verlegt von Conrad König, 1755.

Ein Wortschatz im besten Sinne: Michael Richey untersuchte und dokumentierte die Hamburger Sprachwelt seiner Zeit. Die Abbildung zeigt das Titelblatt der zweiten, 1755 erschienenen Auflage seines Wörterbuchs.

Idioticon Hamburgense ist der Haupttitel eines Buches, das jedem ein Begriff werden wird, der sich eingehender mit der hamburgischen Sprache beschäftigen möchte. Vollständig lautet der Titel der 1755 in starker Erweiterung erschienenen zweiten Auflage: „Idioticon Hamburgense. Wörterbuch zur Erklärung der eigenen, in und um Hamburg gebräuchlichen Nieder-Sächsischen Mund-Art". In Hamburg stellt übrigens die Aussprache des Fremdwortes Idiot für viele ein kleines Alltagshindernis dar, und es ist schon mal als *Idi-oot* oder sogar als *I-diout* zu hören. Das gilt natürlich auch für diverse andere ➛ *vigeliensche* Wörter und Silben, bei denen die Zunge einfach nicht recht *funk-schoniern* will. Das macht aber *rein gaanix*, und nur wegen schwer *hinzukriegenner Präzisijohn inne Aussrpache* ist keine *Revulutschoun* gegen Fremdwörter zu befürchten, wie auch die *Sozi-aaldemokraten* nur selten um ihre Mehrheiten im Hamburger Rathaus zittern mußten.

Igitt! oder **Igittigitt** ist ein in ganz Deutschland zu hörender Ekelruf, der in Hamburg mehr als dies ist und sich nicht auf „Widerliches" beschränkt. „Gitt, nee!" kann als abschätziger Kommentar zu der berichteten Tat eines Dritten dienen oder ein „Igitt, wie blöd!" anstelle eines „Zu dumm!" oder „Ärgerlich!" gesprochen werden.

in brass ➛ *fühnsch*

in Gang ➛ *Gang*

in Tüdel kommen Wer „in Tüdel kommt", verliert die Übersicht und bringt alles durcheinander. Diesen Zeitpunkt möglichst weit hinauszuschieben, versuchen Kinder beim Fadenspiel mit dem ➛ *Tüdelband.*

Intelligenzquotient und **Intelligenztest** sind natürlich keine Hamburger Begriffe, aber ihr „Erfinder" wirkte lange in Hamburg. Es war der berühmte Psychologe und Philosoph William Stern (1871–1938). Er hatte sich 1919 aktiv an der Gründung der Hamburgischen Universität beteiligt und war dort bis zu seiner erzwungenen Emigration durch die NS-Machthaber Inhaber des Lehrstuhls für Psychologie.

Intschespiele sind die Indianerspiele der Kinder.

Is was? ist eigentlich die Kurzform der Frage „Ist was los (hier)?" oder „Was ist los hier?" Wird „Is was?" sehr kurz und scharf ausgesprochen, markiert es in bestimmten Stadtteilen und Kreisen häufig den Beginn einer möglicherweise nicht nur verbal auszutragenen Auseinandersetzung. Wenn es richtig ernst wird, lautet eine drohende Redewendung: *„Ich hau dich bludich"* oder *„Ich box dich bludich!"* (= blutig).

Ischa gediegen! ➛ *gediegen*

Ja bzw. *Jä* oder *Tschä* kann so richtig „echt" vermutlich nur richtig aussprechen, „wer unverfälschte Hamburger Luft von Kindheit an geatmet hat". So vermutete jedenfalls der erfolgreiche Theaterschriftsteller und Hamburg-Kenner Paul Möhring (1890–1976) und stellte weiter fest: „Wenn jemand nichts zu sagen hat oder nichts zu sagen weiß, sagt er wenigstens ‚jä'. Es dient auch als sprachlicher Anlauf, um sinnig auf irgendeine Überraschung vorzubereiten, oder als Pause vor einer Pointe." Wer es als ➛ *Quiddje* dennoch mit der „richtigen" Aussprache probieren möchte, sollte Jä mit einem weichem „j" wie in ➛ *Etage* sprechen und es bei „Tschä" möglichst kurz und hart angehen lassen. Dirks Paulun sinnierte zum Wörtchen „ja": „Da gibt es ein begeistertes *schah*, ein zögerndes *djah* und *djeh*, ein zweifelndes oder bedenkliches *tsche* oder *tschä*, ein gutmütiges *joh*, *joho* und *joa*."

Jackvoll *„Hau bloß ab hiä, sonst krichsu gleich 'n Jackvoll!"* Jackvoll (oder auch Fellvoll) lautet die Hamburger Variante einer „Tracht Prügel" oder des umgangssprachlich-derberen „Arschvolls". Eine Verbform ist „verjacksen", das in seiner bösesten Ausführung von dem verjacksten Menschen nur noch ➛ *Grus und Mus* übrigläßt.

Jakobsleiter ➛ *Gang*

Jan Maat oder **Janmaat** ist ein scherzhaftes Ersatzwort für „Matrose". Jan Maat freut sich schon lange vor Helgoland auf Landgang und „old Hamborch".

jederein ist eine hamburgische Wortverdrehung von „ein jeder".

Jonny lautet die plattdeutsche Kurzform des Namens Johannes. Als Begriff bezeichnet es wie ➛ *Dobbas* eine große, schwere Sache, einen „dicken Brummer" (oder süddeutsch einen „Trumm"). Bei entsprechender Betonung ist in der Rede über *„sonn Jonny!"* oder *„Was'n dicken Jonny!"* auch eine die Ausmaße des bezeichneten Gegenstandes andeutende Hand- oder Armbewegung nicht notwendig.

Jungfernstieg ist der Name der bekanntesten Straße in Hamburgs Innenstadt. Sie verläuft dort, wo um 1235 der Mühlendamm angelegt wurde, der die Alster zu einem großen See aufstaute. An ihm entlangzuspazieren muß wohl vor allem eine Sache des weiblichen Geschlechts gewesen sein, jedenfalls ist der Name Jungfernstieg seit 1684 belegt. Einige Jahrzehnte zuvor waren eine breite, mit Bäumen bepflanzte Pflasterstraße und lange Spielbahnen für „palle a maglio" angelegt worden. So heißt ein italienisches Schlagballspiel, das schon in Altona gespielt wurde und sich dort bekanntlich im Namen der Palmaille verewigt hat. Auf dem Jungfernstieg empfing 1799 der erste Alsterpavillon seine Gäste, deren heutige Nachfolger Kaffee, Kuchen und Ausblick im bereits sechsten Nachfolgebau genießen. Berühmtester Stammgast im Alsterpavillon und dem unweit gelegenen Schweizer Pavillon

Sehen und gesehen werden war früher mehr noch als heute das Motto auf dem Jungfernstieg. Auf Valentin Ruths Darstellung aus der Zeit um 1860 ist der neue Architekturstil, mit dem der Jungfernstieg nach seiner Zerstörung beim Großen Brand 1842 wiederaufgebaut wurde, gut zu erkennen.

war vermutlich der Dichter Heinrich Heine (1797–1856).

Blick auf das 1879–82 errichtete Strafjustizgebäude. Baudirektor Zimmermann gestaltete Fassade und Dachform in Anlehnung an die deutsche Renaissance.

Justizforum ist der inoffizielle Name des Sievekingplatzes, weil er an drei Seiten durch Justizgebäude begrenzt wird: An der Stirnseite liegt das Gebäude des Hanseatischen Oberlandesgerichts, von ihm aus rechts das Zivil- und links das Strafjustizgebäude. Die offizielle Benennung geschah 1911 zu Ehren des langjährigen Präsidenten des Hanseatischen Oberlandesgerichts, Ernst Friedrich Sieveking (1836–1909).

Kaffeeklappen war der inoffizielle Name der Volksspeise- und Kaffeehallen im Hamburger Hafen. Im Gegensatz zum Angebot des ➛ *Fleegenweerts* gab es hier nur alkoholfreie Getränke und warmes Essen. Nach dem Beispiel der 1885 vom Verein gegen den Mißbrauch geistiger Getränke in der Wexstraße eingerichteten Halle eröffnete der 1887 gegründete Verein für Volkskaffeehallen mehrere im Hafengebiet. 1959 waren noch fünf Haupt-, neun Nebenkaffeehallen und vier Verkaufsstände in Schuppen in Betrieb. Die letzte Kaffeeklappe am Kaiser-Wilhelm-Hafen schloß 1985, und die Arbeiter waren wieder auf die Thermoskanne *(Kaffetäng)* angewiesen (siehe auch ➛ *Zampelbüdel*).

Kaifu ist das Kurzwort für die 1912 zu Ehren des deutschen „99-Tage-Kaisers" Friedrich I. (1831–88) benannte Straße Kaiser-Friedrich-Ufer. Sie verläuft entlang dem Isebekkanal in den Stadtteilen Harvestehude und Eimsbüttel. Einige der hier Gewerbetreibenden haben das prägnante „Kaifu" in ihre Firmennamen aufgenommen, und auch die Schule und das Schwimmbad an der Straße nennen die Hamburger „Kaifu".

kandidel steht plattdeutsch für „froh", „lustig" oder „gut aufgelegt". Das davon vermutlich abgeleitete Tätigkeitswort „kondideln" muß wohl von Leuten geprägt worden sein, die beim Genuß von süßem Gebäck, Kuchen und Torten äußerst kandidel wurden, denn „kondideln" heißt nichts anderes als „eine Konditorei besuchen".

Kaninchenfutter ➛ *Zampelbüdel*

Kap Kiekut ➛ *Altonaer Balkon*

Karoviertel oder Karolinenviertel wird der Teil St. Paulis westlich der Karolinenstraße zwischen Feldstraße und der Verbindungsbahn am Sternschanzenbahnhof genannt. Der Bestand an Wohnhäusern noch vom Ende des 19. Jahrhunderts wurde im Zweiten Weltkrieg nur wenig dezimiert. Zum Karoviertel gehören das 1989 stillgelegte HEW-Heizkraftwerk „Karoline" sowie der Zentralviehmarkt und der Zentralschlachthof. Das Karoviertel ist durch Hausbesetzungen, Spekulationsgeschäfte, weitreichende Sanierungspläne und besonders hohen Ausländeranteil schon häufig Gegenstand der öffentlichen Diskussion gewesen.

Karpfenschnut ziehen oder **Flunsch ziehen** Mit gesenktem Blick, vorgeschobener Unterlippe und krauser Stirn ziehen Kinder eine Karpfenschnut oder einen Flunsch. Sie sind trotzig-eingeschnappt und spielen die „beleidigte Leberwurst". Wenn es sich um Essen beziehungsweise um die Verweigerung eines Gerichts handelt, wird das Kind ermahnt, nicht so ➛ *krüsch* zu sein.

Katteker lautet der plattdeutsche Name des Eichhörnchens.

Kaukau – gern auf der ersten (!) Silbe betont – lautete früher die weitverbreitete Aussprache für Kakao. In Vorfreude auf den leckeren Trunk halten sich Kinder auch heute nicht lange mit der korrekten, zweifellos doch sehr ➛ *vigelienschen* Aussprache auf.

Die lange Front der Speicherstadt geht im Westen in einen monumentalen Schlußpunkt über: das Hanseatic Trade Center auf der Kehrwiederspitze.

Kehrwieder heißt eine Straße auf der durch Zollkanal und Binnenhafen von der Stadt getrennten Kehrwiederinsel. Sie ist der westliche Teil der alten Brookinsel (den östlichen bildet die Wandrahminsel). Der Name leitet sich vermutlich davon ab, daß man, einmal bei der Kehrwiederspitze angekommen, buchstäblich wieder umkehren mußte. Dies änderte sich erst 1878 mit dem Bau der Niederbaumbrücke als Verbindung zum ➛ *Baumwall.* Das dicht mit Hamburger Bürgerhäusern bebaute Kehrwiederviertel mußte ab 1883 dem Bau der Speicherstadt weichen.

Kemmsche Kuchen oder Braune Kuchen sind eine Hamburger Spezialität, die jedoch ursprünglich aus Altona stammt. Die ersten der dünnen rechteckigen Kekse wurden 1782 in der Altonaer Bäckerei und Konditorei Kemm in Sirup und mit intensivem Gewürz-Aroma gebacken. Bis 1889 wurde das Rezept innerhalb der Familie vererbt. Der spätere Hersteller gab 1994 seinen Lokstedter Betrieb auf, Traditionsname und Rezept wurden an ein Krefelder Unternehmen verkauft.

Kerdel steht für „Kerl".

Ketelklopper ➛ *Schwarze Gang*

Kiek mol wedder in lautet die zum Abschied ausgesprochene plattdeutsche Aufforderung, einmal wieder vorbeizuschauen (Guck mal wieder rein).

Kieker ist das plattdeutsche und seemännische Wort für Fernrohr beziehungsweise Fernglas. „Sie hat ihn schon lange auf dem Kieker" bedeutet, daß sie ihn schon lange beobachtet, vermutlich ohne daß er davon weiß.

Kiez Wer in Hamburg „auf'n Kiez geht", steuert das links und rechts der ➛ *Reeperbahn* in St. Pauli gelegene Vergnügungsviertel an (➛ *St. Liederlich*). Die vermutlich im frühen Mittelalter im slawisch-nordostdeutschen Siedlungsraum entstandene Bezeichnung „Kiez" (oder Kietz) meinte zunächst kleine, Burgen vorgelagerte Siedlungen niederer Dienstleute. Später wurde daraus umgangssprachlich spöttelnd: „ärmliche Vorstadt". Zu später Stunde verläßt man den Kiez mit dem Nachtbus (600er Linien Richtung Rathausmarkt) oder Sonntag morgens mit der S-Bahn, wer noch größere Ausdauer hat, erst nach einem Besuch auf dem ➛ *Fischmarkt.*

Kirchspiele hießen früher die einzelnen Teile des nach Kirchengemeinden aufgeteilten Stadtgebiets. Ihre Namen waren die ihrer Hauptkirche. Im 17. Jahrhundert kam mit St. Michaelis ein fünftes Kirchspiel hinzu. An einem überlieferten Spruch läßt sich eine Grundtendenz der Sozialstruktur im alten Hamburg des 17./18. Jahrhunderts nachempfinden:

„St. Petri de Rieken (die Reichen)
St. Nikolai desglieken (desgleichen)
St. Katharinen de sturen (die Stolzen, Vornehmen)
St. Jacobi de Buren (die Bauern)
St. Michaelis de Armen (die Armen)
Dat mag woll Gott erbarmen."

Klacks „... dat is 'n Klacks for 'n Hamborger Jung", heißt es in dem bekannten Hamburger Lied, in dem zuvor besungen wird, wie der betreffende Jung beim Spiel mit dem ➛ *Tüdelband* erst mit dem Kopf auf den Kantstein fällt und sich dabei noch gehörig auf die Zunge beißt! Ganz im Gegensatz dazu bezeichnet der Klacks in der Regel jedoch eine Kleinigkeit, ein kleines bißchen. *„Is doch 'n Klacks"* meint eine Angelegenheit, die ohne großen Aufwand zu erledigen ist. Wer im Bericht über eigene Taten von einem Klacks spricht, gerät leicht in den Verdacht, die ➛ *Mütze voll Wind zu nehmen*, also durch Untertreibung zu prahlen: *„Den Kolbenfressä in mein Gelännewoogen hab' ich ratzfatz repperiert, war doch 'n Klacks."* Sollte sich jedoch herausstellen, daß der Motor doch nicht wieder ganz *assrein* (astrein) lief, hat der Angeber bei der Reparatur gepfuscht und somit Klacksarbeit gemacht: „klacksen" heißt auch „kleckern".

klamüstern oder **klamüsern** ist plattdeutsch und heißt soviel wie „über etwas nachdenken" oder „grübeln"; wer jedoch „was ausklamüstert", heckt etwas aus und schmiedet Pläne.

kleien heißt auf hochdeutsch „kratzen". Das Wort ist vor allem in Verbindung mit einem Fluch von Bedeutung:

„Klei di an 'ne Feut" (oder „Klei di an 'n Mors"; ➛ *Mors*), was soviel meint wie „Laß mich in Ruhe und kümmere dich um deine eigenen Angelegenheiten."

Klein Erna ist der Name einer Hamburger ➛ Deern, um die sich die von der Schriftstellerin und Zeichnerin Vera Möller (eigentlich Mohr-Möller, 1911–1998) gesammelten Geschichten drehen. Sie sind abgefaßt in ➛ *Missingsch* und handeln zumeist von Alltagserlebnissen Klein Ernas oder ihres jüngeren Bruders Klein Bubi, die häufig als Dialogreden mit der Mutter, Frau Pumeier, geschildert werden. Die beiden ersten „Klein-Erna"-Bände erschienen 1939/40, weitere Bände und Auflagen folgten seit 1949/50, darunter auch die in den 50er Jahren erschienene vier- und später fünfbändige Ausgabe „Klein Erna in Tüte". Im vierten Band findet sich „In Taaliatiater":

„Klein Erna is mit Mamma in Taaliatiater und inne Pause gehn sie da in Gang spazian und sehn da mittema 'n Foto vonne Schauspielerin, die sie ehm gesehn ham. Da sagt Mamma: ‚Ne Schönheit issi scha gerade nich!' Klein Erna: ‚Tscha, aber bein Spieln holt sie auf!"

Klein Erna: Eine Hamburger Deern, deren Geschichten viele auflagenstarke Bände füllten. Vera Möller trug sie zusammen und zeichnete dazu. Abgebildet ist der 1950 erschienene Umschlag von „Klein Erna. Ganz dumme Hamburger Geschichten", Band 4.

Klein Jerusalem war der volkstümliche Name für das Grindelviertel. Es liegt im Stadtteil Rotherbaum und entspricht in etwa dem Universitätsviertel. Die Benennung als „Klein Jerusalem" ist darauf zurückzuführen, daß hier vor Beginn der NS-Zeit ein Großteil der fast 17 000 Hamburger Juden lebte. Im Grindelviertel lagen neben anderen auch die Hauptsynagoge, deren Grundriß im Belag des Joseph-Carlebach-Platzes eingelassen ist, die Talmud-Tora-Schule und das Haus des Jüdischen Kulturbundes; es beherbergt heute die Hamburger Kammerspiele. Bis 1945 war die Gemeinde durch Emigration und vor allem durch die Judenverfolgung der Nationalsozialisten auf knapp 650 Mitglieder zusammengeschmolzen, und so hatte auch „Klein Jerusalem" in dem von Bomben teilweise stark zerstörten Grindelviertel endgültig aufgehört zu bestehen.

Klöben Das plattdeutsche Wort „klöben" (oder klöven) bedeutet „spalten" oder „teilen" und läßt sich bis ins Altsächsische zurückverfolgen. Was beim Klöben gespalten aussieht, ist der (Hefe-)Teig für ein leckeres Festgebäck (➛ *Stuten*). Mit Rosinen, Korinthen, Gewürzen und mit viel Butter und Zucker versehen, wird der dicke Teig ausgerollt und nach innen zusammengeklappt. Dadurch entsteht beim Backen in der Mitte der typische Spalt.

klönen wird das behagliche Plaudern genannt. Wenn sich zwei gute Bekannte treffen, halten sie erst mal einen kurzen Klönschnack. Wie jedoch bei Michael Richey aus dem alten Hamburg überliefert ist, hatte das Wort im 18. Jahrhundert durchaus die gegenteilige Bedeutung von einem gemütlichen Plausch, zumindest für einen der Gesprächspartner. Wer sagte, er „klöhnt my de Ohren vull", beschwerte sich, daß er von seinem Gegenüber mit Jammern und Klagen über Gebühr belästigt wird.

klöterig steht plattdeutsch für etwas, das zusammenschlägt, das klappert. Wer sich klöterig fühlt, dem geht es schlecht. Vielleicht fühlt man sich klapprig, die Knochen „klötern" aneinander, oder man ist ➛ *breegen-* oder ➛ *melanklöterig*. Aus dem Hamburger Sprachgebrauch des 18. Jahrhunderts überlieferte Michael Richey „klöterig" auch in der Bedeutung von „ärmlich" oder „unreinlich".

Klookschieter ist plattdeutsch und bezeichnet jemanden, der sehr viel redet und stets alles besser zu wissen glaubt – „klook" bedeutet hochdeutsch „klug" (➛ *Schiete*).

Klüsen heißen die Öffnungen an der Bordwand, durch die die Taue zum Festmachen des Schiffes führen. Die Ankerkette verläuft durch die Ankerklüsen. An Land steht der Begriff auch umgangssprachlich für die menschlichen Augen. Wer „dicke Klüsen" hat, hat zumeist am vorigen Abend zuviel gefeiert oder sich ein blaues Auge geholt.

Klüten heißen Mehlklöße im Hamburger Platt. Michael Richey kannte sie auch als „Klütjen" und dokumentierte im 18. Jahrhundert ferner die Begriffe „Roggen-" und „Weeten-Klütjen". Auf spöttische Weise wurden so die Geest- und Marschbauern voneinander unterschieden, denn in den Marschen konnte sehr viel mehr Weizen als auf der Geest angebaut werden.
Wenn Kinder im Winter „klütern", dann ist eine Schneeballschlacht in ➛ *Gang*. Sollte sich der Vater derweil in der warmen Stube einen ➛ *Grog* zuviel aufgegossen haben, hat er sich einen „Klüten" eingehandelt, nämlich einen Schwips.

Knacken Brot bezeichnet eine dicke Scheibe Brot, und wer einen Knacken vom Sonntagsbraten erhalten soll, dem wird ein großes Stück abgeschnitten. Noch Anfang des 20. Jahrhunderts war auch der „Kniebel" eine geläufige Bezeichnung dafür.

Koberer werden die Portiers vor den Türen von Nachtclubs auf dem ➛ *Kiez* genannt. Mit zum Teil wüsten Versprechungen versuchen sie Kundschaft in die Etablissements zu locken. „Kober" stammt aus der Gaunersprache Rotwelsch und heißt dort „Zuhälter". Die Fenster in der ➛ *Herbertstraße,* in denen sich die Prostituierten ihrer Kundschaft zeigen, werden als „Koberfenster" bezeichnet.

Eine Köksch beim Einholen der Zutaten für die Mahlzeiten der „Herrschaften". Marktszene vor dem Ersten Weltkrieg

Köksch leitet sich ab von dem Plattdeutschen Wort „Kök" (Küche) und heißt „Köchin". Kökschen gehörten noch vor 100 Jahren zu allen gehobenen Haushalten und fanden somit vor allem in den Stadtteilen Harvestehude und Rotherbaum ihre Anstellungen.

Köm steht für hochdeutsch „Kümmel", der wiederum bedeutungsgleich mit „Korn" und somit als Bezeichnung für einen klaren Schnaps in Gebrauch ist (➛ *Lütt un Lütt*). „Köminsel" war noch Anfang des 20. Jahrhunderts eine gängige Bezeichnung für die kleinen Kneipen, die früher in Hamburg es an vielen Straßenecken gab (siehe auch ➛ *Fleegenweert* und ➛ *Pieselei).*

Köminsel ➛ *Köm*

kondideln ➛ *kandidel*

Kontor ist der ältere Ausdruck für unser heutiges „Büro". Er hat sich in Hamburg länger gehalten als anderswo und überlebte im Begriff ➛ *Kontorhausviertel* bis heute. Abgeleitet vom französischen „Comptoir", der Bezeichnung für den Schreib- und Geschäftsraum des Kaufmanns (von compter = zählen, [be]rechnen), hatte das „Kontor" seinerseits die plattdeutsche „Skrivekammer" (Schreibkammer) verdrängt.

Kontorhaus-viertel

Kontorhausviertel wird das in den 1920er Jahren vollends ausgebaute Quartier zwischen Steinstraße und ➛ *Meßberg* rund um den Burchard-Platz genannt. Hier stehen die massigen Bürobauten, die zu ihrer Zeit die Ausmaße gewöhnlicher Kontorhäuser um ein Vielfaches übertrafen. Bedeutend sind vor allem das Chilehaus, der Meßberg- und der Sprinkenhof sowie der Mohlen- und der Montanhof. Das erste moderne Gebäude im heutigen Kontorhausviertel entstand 1906–08 als Sitz der Landherrenschaften und der noch heute darin untergebrachten Polizeidienststelle (Klingberg 1), als eines der letzten wurde 1938 das Pressehaus am Domplatz fertiggestellt.

krall und kregel Wer krall und kregel ist, fühlt sich kerngesund und zeigt sich quietschfidel.

Kreek ist die Bezeichnung für einen kleinen selbstgezimmerten Schlitten, der noch bis vor wenigen Jahrzehnten besonders in Blankenese, aber auch in Marschgebieten wie Altenwerder und Finkenwerder den Kindern in Scharen ein beliebtes Wintervergnügen bot. Beim Rüschen, wie das Fahren mit der Kreek genannt wurde, konnten an den verschneiten, steilen Hangwegen und Treppen am nördlichen Elbufer Geschwindig-

Zwei Altenwerder Jungs beim Rüschen auf der Kreek. Undatiertes Foto

keiten von über 50 Stundenkilometern erreicht werden. Gesteuert wurde die Kreek, die keine Ähnlichkeit mit heutigen Rodelschlitten aufweist, mit einer langen, hinterherschleifenden Stange. Beim Rüschen auf ebener Strecke diente diese durch Abstoßen zugleich zur Fortbewegung auf dem vereisten Untergrund.

kriegen steht nicht nur für „bekommen", sondern kann auch für „zu tun haben" verwandt werden: „Mit der Sache hast du überhaupt nix zu kriegen!" „Damit hab' ich nichts zu kriegen", kann auch heißen, daß der Betreffende von der Angelegenheit nichts weiß.
Kinder spielen nicht „Fangen" oder „Haschen", sondern „Kriegen", und wer beim Raufen oder „Kloppen" seinen Kontrahenten nicht bezwingen, ihn nicht niederringen konnte, der wurde *„runnergekricht"* oder auch *„übergekricht"*.

Krinten ➛ *Stuten*

krosch oder **kroß** ➛ *rösch*

krüsch ist ➛ *jederein,* der sich „anstellt". Vor allem Kinder können es zu hören bekommen. Aber ob klein oder groß, häufige Anwendung findet „krüsch" im Bereich der Mahlzeiten: „Iß jetzt deinen Teller leer, und sei nich so krüsch mit dem Spinat." Wenn Erwachsene gemeint sind, kann das abfällige „krüsch" eine unangenehme Spitze bedeuten. Es gibt zwei Erklärungen für die Herkunft des Wortes: Es könnte durch Buchstabenverdrehung aus „küren" (= wählen) entstanden sein und somit für „wählerisch" stehen. Die andere Deutung erkennt „krût, krüde" (= mittelniederdeutsch für „Gewürze" und „Kräuter") als Wurzel, womit sich „krüsch" also auf jemanden bezieht, der lieber lecker gewürzte und somit teuer zubereitete Speisen essen möchte als das, was er vor sich hat.

Krüsel wurden die früher in den Vierländer Bauernhäusern am Krüselhaken von Decke oder Wand hängenden Tran- oder Rüböllampen genannt. Die Qualität ihrer Ausfertigung und Verzierung richtete sich nach dem Verwendungszweck. Aber ob Stuben-, Küchen- oder Stallkrüsel: ein Krüsel hing frei und war drehbar, weshalb sich sein Name auch von ➛ *küseln* oder *„krüseln"* ableiten könnte.

Kuddel Daddeldu „Kuddel" oder „Kuttel" steht für hochdeutsch „Karl", und „Kuddel Daddeldu" ist der Spottname für einen Seemann (➛ *Daddeldu*). Der ➛ *Ökelname* ging durch den Schriftsteller Joachim Ringelnatz (1883–1934) in die deutsche Literaturgeschichte ein. Seine drastisch-humorigen Verse erschienen 1920 unter dem Titel „Kuttel Daddeldu" als „Mischung seemännischen Vagabundentums und anrührender Herzenseinfalt".

Kuddelmuddel bezeichnet ein Durcheinander. Das im 19. Jahrhundert verstärkt aufgekommene Wort hatte früher jedoch noch eine ganze Reihe weiterer Bedeutungen, darunter „Trödel" oder „Menschenauflauf". Im Hamburgischen Wörterbucharchiv findet sich mit „Kuddelmuddel, nix in Büdel!" auch eine schöne Variante der Redewendung „Viel Lärm um nichts!".

küseln Der Wind küselt, wenn er wirbelt. Der Begriff bedeutet auch „taumeln“ oder „rundherumlaufen“, kursierte auch als „krüseln“ und steht für das hochdeutsche „kreiseln“. Der „Wasserküsel“ oder „-krüsel“ benennt dementsprechend einen Wasserstrudel. Mit „Krüselding“ bezeichnete man schon im alten Hamburg das Kinderspielzeug, bei dem ein Kreisel durch Peitschenschläge in der Drehung gehalten wird. Der „Brummkrüsel“ dreht sich als „Brummkreisel“ noch heute in Kinderzimmern.

Kuse Die Kuse ist der Backenzahn, mit Kusen können aber auch generell die Zähne gemeint sein. Um ein ➛ *Bontje* länger zu genießen, sollte man ihn „hinter die Kusen klemmen“ (siehe auch ➛ *Prüntje*).

längskommen „tut“ man, wenn einem für einen bestimmten Zweck etwas als ausreichend erscheint: „Mit der Menge Getränke sollten wir die Fahrt über längskommen.“ Eine weitere Bedeutung ist „jemanden begleiten“ oder „besuchen“: „Ich komm' noch eben (mit) längs.“

Lassas nach! ➛ *nach sein, nach haben, nachlassen*

Leinpfad lautet die Bezeichnung für einen neben Wasserwegen verlaufenden Treidelweg oder -pfad. Von ihm aus können von Menschen- oder Pferdekraft Boote und kleinere Schiffe gezogen werden. Somit ist die Vorgeschichte der 1866 benannten Straße Leinpfad im Stadtteil Winterhude schon erklärt: Hier wurden die Alsterschuten („Alsterböcke“) auf der Alster, die auf diesem

Abschnitt des Flußlaufs bis 1914 noch ➛ *Streek* hieß, flußaufwärts getreidelt.

lehren und **lernen** wurden und werden im ➛ *Missingsch* schon mal verwechselt. Dies ist vermutlich auch in einer schönen ➛ *Klein-Erna-Geschichte* der Fall, die Dirks Paulun in einer älteren als der von Vera Möller als „In Schule" überlieferten Fassung erzählt: Klein Erna scheint der Lehrerin nicht ausreichend gewaschen zu sein, und sie teilt den Eltern Pumeier mit: *„Ihre Tochter riecht leicht etwas strenge."* Der Vater schreibt zurück: *„Fräulein! Klein Erna is kein Rose. Sie solln da nich an duften. Sie solln ihr was lern."*

Leuwagen bezeichnet eine Scheuerbürste mit langem Stiel. Zum Reinigen wasserunempfindlicher Fußböden wird darum ein ➛ *Feudel* gewickelt. An Bord kann das Wort zugleich eine Gleitvorrichtung an der Ruderpinne oder dem Besanschoot benennen.

Libertatem quam peperere maiores digne studeat servare posteritas lautet der lateinische Sinnspruch über dem Eingangsportal des Hamburger Rathauses. Auf deutsch bedeuten diese mahnenden Worte sinngemäß, daß die Hamburger Bürgerinnen und Bürger all das, was für die Stadt bisher an Gutem erreicht wurde, nach Kräften hüten, pflegen und vermehren sollen. Der Satz war schon an den alten Stadttoren Deich- und Millerntor sowie später im Ratsgehege (➛ *Senatsgehege*) des Alten Rathauses am ➛ *Neß* an der ➛ *Trostbrücke* zu lesen.

Mit goldenen Buchstaben werden die Hamburger gemahnt, stets und immer nur zum Besten ihrer alten Hansestadt zu handeln.

LiLaLe hieß ein legendäres Künstlerfest, das 1951–68 alljährlich an der Hochschule für bildende Künste am Lerchenfeld veranstaltet wurde (das „Le" stand für Lerchenfeld). Die Studenten der in Bergedorf ansässigen Fachbereiche der Fachhochschule Hamburg haben 1975 mit der Benennung ihres traditionellen Faschingsfestes als „LiLaBe" („Be" für Bergedorf) den verwaisten Namen für sich entdeckt und übernommen. Ihre Party hat jedoch nichts mehr mit den zahlreichen Künstlerfesten gemein, die an der Kunstschule am Lerchenfeld in den Jahren nach dem Ersten Weltkrieg organisiert wurden. In zum Teil wochenlanger Vorbereitung wurden die Veranstaltungsräume ebenso üppig wie phantasievoll dekoriert, wenn z. B. „Die Dämmerung der Zeitlosen", „Die Götzenpauke" oder „Der himmlische Kreisel" gefeiert wurden.

Krimineller im Look des Gentleman: Dem Lord von Barmbeck war sein Verbrecherleben nicht anzusehen.

Lord von Barmbeck Der „Ein- und Ausbrecher", wie er sich selber nannte, war Hamburgs berühmester Krimineller. Er hieß mit richtigem Namen Julius Adolf Petersen (1882–1933) und stammte aus dem heutigen Hamm-Süd. Im Alter von 13 Jahren wurde er zum ersten Mal inhaftiert. Nach außen führte der stets elegant auftretende Petersen ein unauffälliges Leben als Inhaber eines Kellerlokals. 1917 mußte er zum wiederholten Male einsitzen, konnte sich jedoch durch einen Ausbruch befreien. Bevor er 1921 wieder gefaßt wurde, glückten der von ihm geführten Bande, der „Barmbecker Verbrechergesellschaft", mehrere Einbrüche und Raubüberfälle, wobei hohe Summen erbeutet wurden. Im Gefängnis gestand er 1922 mehr als 50 Einbrüche und Räubereien. 1932 wegen guter Führung entlassen, wurde Petersen kurz darauf wieder straffällig und 1933 erneut verhaftet. Einen Monat später erhängte er sich in seiner Zelle. Seine 1973 veröffentlichte Autobiographie wurde noch im selben Jahr verfilmt.

Luden werden auch in Hamburgs Rotlichtmilieu die Zuhälter genannt. In früheren Zeiten sprachen die Prostituierten (vergleiche ➛ *Mietje*) von ihrem Louis („*Luui*"), was aber auch die Bezeichnung für einen männlichen Kollegen sein konnte.

Lünk ist eine plattdeutsche Version des Vogelnamens „Sperling".

Lütt un Lütt heißt auf hochdeutsch „Klein und Klein". Wer an einem Hamburger (Eck-)Kneipentresen mit „Lütt un Lütt" bestellt, möchte „'n ➛ *Köm un 'n Beer*" trinken, also einen Korn (2 Zentiliter) sowie ein helles Bier, und zwar ein ganz kleines (0,25-Liter-Glas). Der Korn wird gekippt und mit dem Bier nachgespült. Noch vor ein bis zwei Jahrzehnten kannte jeder Hamburger Gastwirt diese Bestellung, und wer heute damit erfolglos sein sollte, kann es mit einem hochdeutschen „Herrengedeck" versuchen.

Luscherei herrscht, wenn gebummelt wird und eigentlich anstehende Arbeiten nur nachlässig („luschig") oder gar nicht verrichtet werden.

machen In Geschäftsangelegenheiten galt der Begriff „machen" als Ausdruck für „geschickt jemanden übervorteilen". Carl Reinhardt gibt in seinem 1866 erschienenen Roman „Der 5. Mai", der um die Zeit des ➛ *Großen Brandes von 1842* spielt, einen Einblick in das

Leben der Hamburger Kaufmannschaft. Wenn es in einem ➛ *Kontor* gelungen war, den Geschäftspartner auszutricksen, wußten die entsprechenden Kreise bald, wer wen wie und womit „gemacht" hatte. Sofort ging die Runde: „Meier ist von Behrens mit einer Ladung Reis gemacht worden", oder: „Ich habe Schulzen mit den Heringen gemacht." Wer gemacht wurde, war also das ganze Gegenteil von einem gemachten Mann nach heutigem Sprachgebrauch.

maddelig ist der Hamburger, wenn er sich matt, müde oder ganz allgemein schwach fühlt.

man ist ein kleines, aber wegen seiner unzähligen Anwendungsmöglichkeiten „man" sehr wichtiges Wörtchen (gerade stand es für „doch" oder „schließlich"). In *„Der soll mir ma nich dumm komm'n!"* bedeutet es „nur" oder „ja" und wirkt verstärkend, ebenso in *„Man bloß nich hinsehn!"* oder *„Man jah nich anfassn!"*. *Das is man noch nich alles an verschiener Bedeutungk!* („man" für „aber"). So kann z. B. *„Tu man!"* sowohl die Ermunterung zu einer Tat („Sicher, das solltest du unbedingt tun!") ausdrücken als auch ein „Meinetwegen, wenn du es unbedingt tun willst". Auch hier macht man der Ton die Musik („man" für „also"). Wenn es über einen Dritten heißt „Laß ihn man!", könnte „machen" ergänzt werden, und wie beim vorigen Beispiel wäre entweder die Einschätzung geäußert, daß der Betreffende durch sein Können die Sache „schon schaukeln" beziehungsweise durch sein Nichtkönnen „schon baden gehen" werde.

man sinnig bekommt zu Ohren, wer in einer Sache unangemessen stürmisch vorgeht und es gefälligst *„Immer mit die Ruhe!"* halten soll (vergleiche ➛ *man* und ➛ *suhtje*).

Man tau! wird in Hamburg eher wie „Man too" oder „Man tou" gesprochen und ist wohl die plattdeutsche Kurzfassung des Schnacks, der im wesentlichen dem hochdeutsch-hamburgischen ➛ *(Denn) man zu* entspricht.

Man zuh! ist die Kurzfassung von ➛ *Denn man zu*. Zugleich lautet so ein alter Kinderspruch oder, seiner Anwendung entsprechend, genauer: eine infantile Bettelformel. *„Ooch, man zuh, man zuh, wir wolln nochma auf'n Dom!"* Auf hochdeutsch würde es also „Bitte, bitte" heißen und „Laß uns doch noch einmal auf den Dom gehen!".

mang oder **mittenmang** heißt „zwischen" oder „unter" (*„... und* ➛ *mit eins war ich mittenmang bei die Leute inn Schlußverkauf"*). Im Englischen ist es als „among" anzutreffen.

Mann inne Tünn! lautet ein alter Ausruf des Erstaunens oder der Bekräftigung der Größe, der Bedeutung oder auch der Bewunderung einer Sache. Der „Mann in der Tonne" kann in Hamburg „Alle Wetter" oder „Donnerwetter" ersetzen und ist in der Jugendsprache noch fest als „Mannomann" verankert.

Markt Die Benennung eines Areals als „Markt" muß in Hamburg nicht unbedingt bedeuten, daß dort etwas gehandelt wird oder wurde. „Markt" und „Platz" werden hier nämlich bedeutungsgleich verwandt. So gab es weder auf dem Gänsemarkt, dem Rathausmarkt oder dem Zeughausmarkt regelmäßig etwas zu kaufen. Einen Sonderfall stellt die Straße Rödingsmarkt dar, deren seit dem 13. Jahrhundert geltende Bezeichnung sich von „Rodigesmarke" ableitet. „Mark" steht in diesem Fall für Grenze, und zwar die des Geländes eines Mannes namens Rodiger (Rüdiger).

Matjes ist eine aus dem Niederländischen stammende Bezeichnung für den jungen, noch nicht geschlechtsreifen Hering, der von Mitte Mai bis Anfang Juni vor schottischen und irischen Küsten gefangen wird. Vor allem mit Pellkartoffeln und einer Apfel-Zwiebel-Sahnesoße („nach Hausfrauenart") ist er ein in ganz Norddeutschland verbreiteter Leckerbissen. Für Hamburger empfiehlt sich ein Ausflug Mitte Juni nach Glückstadt, wenn hier die Eröffnung der Matjessaison gefeiert wird und der Fisch in vielen Variationen auf den Tisch kommt.

Mehrere kleine aus machen kann man aus jeder beliebigen Sache, die im blumigen Gespräch als besonders groß und gewaltig geschildert werden soll – wenn man will, auch aus lebendigen Dingen: *„Der Kerl war sonn Schrank, da konnst' du mehrere kleine aus machen!"*

Meile Alten Landes, Erste bis Dritte
Das Alte Land erstreckt auf einer Länge von ca. 25 Kilometern und auf einer Breite von bis zu acht Kilometern am Südufer der Elbe von der Süderelbe bis zur Schwinge nach Stade. Es wird von den zwei Flüssen Lühe und Este in drei gleich große Gebiete unterteilt, die

„Meilen" genannt werden. Die Erste und Zweite Meile liegen zwischen Schwinge, Lühe und Este und gehören zu Niedersachsen. Der größte Teil der Dritten Meile zwischen Este und Süderelbe liegt mit den Orten Francop, Neuenfelde und Cranz auf hamburgischem Gebiet und gehört zum Bezirk Harburg (seit 1948 heißt auch eine Straße im Stadtteil Neugraben-Fischbek „Dritte Meile"). Das Alte Land ist geprägt vom Anbau von Obst, das in Kühlhäusern monatelang frisch bleibt. Nur kurze Zeit dagegen ist im späten Frühjahr der Augenschmaus zu genießen, wenn im Alten Land die über zwei Millionen Obstbäume blühen.

„Mein Feld ist die Welt"

Die Altländer Prunkpforten sind Zeichen des Wohlstands, zu dem viele Bauern mit Obstbau kommen konnten.

„Mein Feld ist die Welt" stand in großen, goldenen Buchstaben über dem Portal eines 1903 am Alsterdamm, dem heutigen Ballindamm, fertiggestellten Verwaltungshauses. Es gehörte der 1847 gegründeten Hamburg-Amerikanischen Packetfahrt-Actien-Gesellschaft (HAPAG), die sich selbst Hamburg-Amerika-Linie nannte. Der Spruch war das Motto ihres Direktors Albert Ballin (1857–1918), unter dessen Leitung das Unternehmen zur größten Privatreederei der Welt wurde. Besonders erfolgreich war sie im Geschäft mit der Auswandererbeförderung in die USA. 1970 entstand durch Fusion mit dem Norddeutschen Lloyd Bremen die Hapag-Lloyd AG. Der berühmte Spruch blieb erhalten und ist noch heute in der Eingangshalle des stark erweiterten Gebäudes an der ➛ *Binnenalster* zu lesen.

Die Hauptverwaltung der HAPAG, wie sie 1901–03 von Martin Haller errichtet wurde. Fritz Höger gab dem Gebäude am Ballindamm 1912–23 sein heutiges Aussehen.

meinswegen ist schönstes ➛ *Missingsch* und bedeutet natürlich nichts anderes als das hochdeutsche „meinetwegen".

melanklöterig fühlt sich, wer tieftraurig und somit melancholisch ist. „Melan" stammt übrigens aus dem Altgriechischen und bedeutet „schwarz" (melancholisch = schwarzgallig).

Der Vierländerinnen-Brunnen am Meßberg Ende des 19. Jahrhunderts. Seit 1975 steht er auf dem Hopfenmarkt vor der Ruine der St. Nikolaikirche.

Meßberg Der Name des Platzes in der Hamburger Altstadt in der Nähe der gleichnamigen U-Bahn-Station ist als „mesberch" seit 1458 belegt. Die Gegend war wegen des niedrigen Niveaus der Marsch an dieser Stelle besonders durch Überflutung gefährdet. Daß die Namengebung daher rührt, daß die Bewohner sich hier auf ihrem eigenen Mist buchstäblich in die Höhe gewohnt hätten, ist nicht zu belegen. Zusammen mit dem Hopfenmarkt war der Platz zunächst Hamburgs traditioneller Großmarkt für Gemüse aus den ➛ *Vierlanden.* Hier drängten sich zu Anfang des 20. Jahrhunderts über 400 Anbieter. 1911 siedelte das Markttreiben auf den nahe gelegenen Deichtorplatz über.

Mette oder **Mettke** ist der plattdeutsche Name für den Regenwurm.

Mi sagen die Hamburger Kinder für das Mal, an dem beim Versteckspiel erst abgezählt *(abgemält)* und sich dann freigeschlagen wird.

Michel ist der allgemein gebräuchliche Kurzname für die Hauptkirche St. Michaelis, das prominenteste Hamburger Wahrzeichen. Sie steht in der Neustadt, oberhalb des Hafens zwischen Krayenkamp und Ludwig-Erhard-Straße. Ihr Turm mißt 132 Meter und gewährt von seinem offenen Säulenumgang in 82 Meter Höhe, vorausgesetzt, das Wetter spielt mit, einen wunderschönen Blick über die ganze Stadt, den Hafen und weit die Elbe hinab. Schon der erste, 1661 fertiggestellte Bau wurde 1750 durch ein Feuer zerstört, und 1906 bot der lichterloh brennende und schließlich einstürzende Turm des Michels zum Entsetzen der ganzen Stadt ein zweites Mal das tragische Schauspiel seiner Vernichtung. Auch im Zweiten Weltkrieg wurde die Kirche, die zu den bedeutendsten barocken Sakralbauten Norddeutschlands gehört, stark in Mitleidenschaft gezogen. 1996 wurde die Turmsanierung abgeschlossen, und nun müssen die Hamburger nur noch abwarten, bis Wind und Wetter das Kupferdach wieder mit der altvertrauten grünen Patina überzogen haben.

Das bekannteste Wahrzeichen Hamburgs: der Michel in der Neustadt. Rechts im Bild das 1922 errichtete Stellahaus (Rödingsmarkt 52), das erste Hochhaus in Hamburg. Es entstand durch Überbauung eines bereits vorhandenen Gebäudes und zeigt mit seinen Staffelgeschossen deutliche Einflüsse der Architektur Amerikas, das seinerzeit gerade zur Weltmacht aufgestiegen war.

Mietje ist eigentlich das plattdeutsche Wort für „Mariechen", die Koseform von Maria. Der Name diente im 19. Jahrhundert als abfällige Bezeichnung für die Arbeiterinnen der rasch wachsenden Industrie, vor allem der Nahrungs- und Genußmittelproduktion. Wie schlecht es diesen armen Mietjes gehen konnnte, zeigt, daß „Mietje" auch für Prostituierte verwendet wurde (➛ *Slamaitjenbrücke*).

Missingsch war ursprünglich eine in Hamburg ganz typisch klingende Vermischung von Hochdeutsch mit Plattdeutsch, die im 19. und bis ins 20. Jahrhundert vor allem in den Hafen- und Arbeiterstadtteilen zu hören war. Sie will eigentlich Hochdeutsch klingen, verrät jedoch durch Wortwahl, Aussprache und Satzbau den im Plattdeutschen beheimateten Sprecher. Ihre Verbreitung nahm in den letzten Jahrzehnten stetig ab und ist heute so gut wie verschwunden. „Missingsch" ist auch als „messingsch",

„missensch“, „mischens“ und „mysensch“ schon im 15./16. Jahrhundert belegt. Eine naheliegende Wortherkunft wäre die Verbindung mit Messing, die durch „vermischen“ von Metallen hergestellte Legierung.
Vieles aus dem Missingsch hat sich jedoch in Spracheigenheiten des inzwischen stark bereinigten „Hamburger Hochdeutsch“ erhalten. Sie hat der Schriftsteller Dirks Paulun (1903–76) in einer Art selbst entwickelter Freistil-Schriftsprache in vielen Buch- und Zeitungspublikationen sehr gut nachvollziehbar als „sein Missingsch“ praktiziert und dokumentiert. Somit ist das eigentlich ausgestorbene Missingsch zur Bezeichnung des einfachen, direkten Hamburger Straßenjargons geworden, der in seiner breiten, gemütlichen Aussprache besonders auf St. Pauli an vielen Ecken zu hören ist. Auch Vera Möller verwandte dieses Missingsch für ihre Nacherzählungen der Geschichten von ➛ *Klein Erna*.
Zur Erklärung, wie Pauluns Missingsch denn zu schreiben sei, ließe sich formulieren: *„Stellimafoa, ain schraip so, wie er sprich“* (Stell dir einmal vor, einer schreibt so, wie er spricht) oder: *„Hassas in vorigen Satz sehn, wie in Hamburch Wörter in'nanner verschmelzen?“* (Hast du das …). Der dritte Band von Pauluns vierteiligen und damals äußerst erfolgreichen „Studien in Hamburger Hochdeutsch“ heißt „Wommasehn“. Er beginnt mit dem gleichnamigen Gedicht, in dem es über Paulun und „sein Missingsch“ selbst geht:

„Oppich weite son Missingsch schreip?
Wommasehn!
Denks fescheinch, ich happs geschaff,

weil Missingsch direck ein Soiche geworn is
unt schnein sich viele ausse Zeitunk
ode kaufn mein Büche.
Unt denn knohbln sie dran rum
unt schüttln' Kopp übe frückte Wörte
unt laufn rum unt frahng jehn,
wassas wohl heißn kann.
Dabei is fleich nur ein Druckfehler.

Abe stellimafoe:
ich mach sons mah pah gute Verse –
klein niedlichs poehtisches Gedich
in prihma Hochdoitsch
unt will das nu auch mah gedruckt hahm!
Denn mussich meist beikomm
unt muß das eers in Paulunisch übesetzn,
damittes mein Velehge mit ins Buch nimp.

Abe ein Guhtes is da je bei:
in diese Form wirz jehnfallz gelehsn,
unt kannsein geht mehr zu Herzen,
als wennz in feielichn Schriftdoitsch da stenne."

mit eins ist die hamburgische Variante von „auf einmal" und wird dementsprechend im Sinne von „unversehens" oder „plötzlich" angewandt.

mittenmang ➛ mang

Moin bedeutet hochdeutsch „schön" und dient als die (meist morgendliche) Universalbegrüßung an der deutschen Ost- und Nordseeküste sowie in den Landen dazwischen. Auch in Hamburg ist sie *„appunzuh"* zu hören. Wie sie ausgesprochen wird, hängt natürlich von jedem einzelnen und seiner augenblicklichen Gemütsverfassung ab, wenn aber die Verdopplung „Moin, moin" erklingt, wird sie eher selten über eine träge, schlechtgelaunte Zunge gegangen sein.

Mookt wi! ist ein plattdeutscher Schnack, der hochdeutsch „machen wir" heißt und bei entsprechender Betonung dem dienst- und eilfertigen „wird erledigt" gleichkommt (vergleiche ➛ *Geht los!*). Eher dämpfend und wohl mit weniger Arbeitsfreude heißt es: „Mookwi-dookwi".

Mors ist das plattdeutsche Wort für „Hintern" oder den derberen Saft- und Kraftausdruck „Arsch". Die besondere Bedeutung dieser vier Buchstaben für die Hansestadt leitet sich von dem vermutlich noch ewig und drei Tage existierenden Schnack ➛ *Hummel, Hummel – mors, mors* ab (vergleiche auch „Klei di an'n Mors" im Stichwort ➛ *kleien*).

Mottenburg ist ein im 19. Jahrhundert aufgekommener volkstümlicher Name für Ottensen. Die bekanntere Herleitungsvariante ist der Vergleich der von Tuberkulose zerstörten Lungen der Ottenser Glasarbeiter und Zigarrendreher mit Mottenfraß. Sie hatten unter extrem schlechten Lebens- und Arbeitsbedingungen zu leiden, und besonders der Glasstaub wirkte sich fatal auf die Gesundheit der Schleifer aus.
Eine zweite Deutung legt die Berliner Polit-Gesangsposse „Die Mottenburger" (gemeint sind: die Charlottenburger) zugrunde. Sie war 1868/69 auch im Thalia Theater zu sehen und thematisierte für jedermann offensichtlich Politintrigen von der Art, wie sie auch in Ottensen an der Tagesordnung waren.

mucksch ist auch in Hamburg ein geläufiger Ausdruck für „schlecht gelaunt sein". Wer mucksch ist, setzt ein eingeschnapptes bis grimmiges Gesicht auf. Man sagt, wenn überhaupt etwas, nur das Nötigste und schon gar nichts zu der Person oder Sache, die den Ärger verursachte.
Bei Kindern kann „mucksch" auch „maulig sein" bedeuten und somit eine mildere Form der „Bockigkeit" bezeichnen.

muddelig und **muddeln** Muddeliges Wetter ist an und für sich schon trübe und wird vielleicht bald schlechter. Auch „unsauber" und „unordentlich" kann „muddelig" bedeuten. Kein Wunder also, daß ein muddeliger Mensch schnell etwas ➛ *vermuddelt,* nämlich verliert. Wer sich durch eine Sache durchmuddelt, der wird sie irgendwie schon auf seine Weise hinkriegen. Beim Muddeln kommt kein Dritter zu Schaden, weshalb es vielleicht als die harmlose Variante von ➛ *tschinschen* bezeichnet werden könnte.

Mühlstein wird inoffiziell die traditionelle Halskrause der Pastoren im Kirchenkreis Alt-Hamburg (und in Lübeck und Eutin) genannt. Sie herzustellen und instand zu halten ist ein kleines Kunststück, das nur noch eine Handvoll Textilnäherinnen beherrschen. Jede der in zwei Lagen umlaufenden 100 Tollen muß einzeln und bis zu sechsmal mit speziellen Heizstäben bearbeitet werden. Die Mühlsteine waren auch Teil der bis 1919 bei offiziellen Anlässen getragenen schwarzen Amtstracht (Ornat) der Mitglieder des Senats. Sie war dem historischen spanisch-niederländischen Vorbild

Er trug seinen Mühlstein mit besonderer Würde: Bürgermeister Burchard (1852–1912), prägnanter Kopf an der Spitze Hamburgs in wilhelminischer Zeit.

nachempfunden und bestand ferner aus einem mit Astrachanpelz besetzten geschlossenen Umhang, Kniehosen, Schnallenschuhen und dem schweren, nicht als Kopfbedeckung zu nutzenden und daher unter dem Arm getragenen Hut.
Die Mühlsteine um den Hals der Senatsmitglieder hatten übrigens eine dem höheren Rang der Stadtväter gegenüber den Geistlichen verpflichtete dritte Lage Tollen.

Mümmelmannsberg ➛ *Bunny-Hill*

Mütze voll Wind sagen Segelschiffer, wenn sie „wenig Wind" meinen. Wer dagegen die „Mütze voll Wind nimmt", der prahlt nicht durch Über-, sondern durch Untertreibung.

Murks bezeichnet etwas Wertloses, z. B. eine halbherzig ausgeführte Sache und generell Pfuscharbeit. „Murksbüdel" ist ein Schimpfwort und könnte wie „Taugenichts" verwandt werden. Als weitere Begriffe für Dinge oder Menschen, die murks sind, stehen „Nieselpriem" oder die altbekannte „Niete".

nach sein, **nach haben** In Hamburg lautet die Frage nach dem verbliebenen Rest einer Sache häufig nicht, ob noch etwas „übrig" sei, sondern: „Ist noch was nach?" Oder: „Wieviel Tage Urlaub hast du noch nach?"

Nachbrandarchitektur ist ein Begriff für den Teil der hamburgischen Architektur, der nach dem ➛ *Großen Brand von 1842* errichtet wurde und dabei den Stil aufweist, der seine prominenteste Ausführung mit den Alsterarkaden an der

Kleinen Alster erfuhr (Alexis de Chateauneuf, fertiggestellt 1846). Nachbrandarchitektur zeichnet sich durch eine Vermischung des damals modernen Rundbogenstils mit zumeist klassizistischen Formelementen aus. Der überwiegende Teil der vorderen Gebäudefassaden war hell verputzt, aber auch die ihren roten Backstein zeigende Alte Post gehört z. B. zur Nachbrandarchitektur.
Ebenso kann der Begriff auf die städtebauliche Neuplanung Hamburgs zu dieser Zeit angewandt werden. Ihr Kennzeichen sind neben der architektonischen Gestaltung des Rathausmarktes das Kanalisationsnetz und die geordnet angelegten breiten Straßen mit zumeist gleichmäßigen Höhen der traufständigen Gebäude.

Die Alsterarkaden sind das Paradebeispiel Hamburger Nachbrandarchitektur und verleihen dem Bereich an der Kleinen Alster einen Hauch von oberitalienischen Städten.

Nachtjackenviertel Mit „Nachtjacke" bezeichnete man ursprünglich einmal das, was man nachts im Bett am Leibe trägt. In Hamburg steht der Begriff „Nachtjackenviertel" jedoch für die dunklen Höfe und Hinterhäuser der ➛ *Gängeviertel.* 1909 wurde „Das Nachtjackenviertel" der Titel eines Erfolgsstücks im St.-Pauli-Theater, das damals noch Ernst-Drucker-Theater hieß. Der gefeierten Premiere folgten über ein Jahr lang tägliche Vorstellungen. Ort der Handlung war das Gängeviertel rund um den Michel in der südlichen Neustadt. Es wurde bis 1914 fast vollständig abgerissen, das Gängeviertel östlich der Straße Kohlhöfen folgte 1933–37.

Naschen kaufen sich Kinder auf dem Schulweg von ihrem Taschengeld, aber auch die meisten Erwachsenen naschen gerne Naschen, nämlich Süßigkeiten (➛ *Schnoop*).

Naucke – Holl di! ➛ *Holl di!*

nech? Jeder Mensch wünscht sich Zustimmung, und zwar so oft es eben geht, am liebsten nach jedem Satz, der ihm so über die Lippen kommt, *nech*? „*Nech*" oder „*nich*" hören Hamburger statt des hochdeutschen „Nicht wahr" so oft, daß sie es längst nicht mehr wahrnehmen – oder doch erst dann, wenn sie in anderen deutschen Gegenden darauf angesprochen werden, *gelle, newoa, ne-wah* oder *newwa*?

Neß stammt aus dem Mittelniederdeutschen und bedeutet soviel wie „Landzunge". Eine Hamburger Ur-Straße in der Altstadt erhielt einst diesen Namen, da sie auf dem Ende der früheren Reichenstraßeninsel verläuft. Auch die nordwestliche Spitze von Finkenwerder und ein Elbsand („Neßsand") tragen diesen Namen. Weitaus berühmter wurde der Begriff jedoch durch eine „blanke Neß". Gemeint ist natürlich die weiße, sandige Landzunge, von der eine kleine Hangsiedlung am Geestrücken ihren Namen „Blankenese" erhielt. Hier wohnten lange vornehmlich Fischer, Seeleute und Lotsen, bis Blankenese im 19. Jahrhundert zeitweilig Heimathafen für eine größere Anzahl von Schiffen wurde, als sie die gesamte Hamburger Reederschaft unterhielt. 1867 wurde das holsteinische Blankenese preußisch, 1927 nach Altona eingemeindet und kam 1937 an Hamburg. Ende des letzten Jahrhunderts wandelten sich weite Teile zu einem Hamburger Villenvorort. Insgesamt jedoch ist ein dörflich-malerisches Ambiente erhalten geblieben, das Blankenese zu einer der schönsten Hamburger (Wohn-)Ecken macht.

nicht in Tüte kommen darf, was „keinesfalls in Betracht kommt", was „unannehmbar" ist. Den weiblichen Artikel „die" vor „Tüte" zu sprechen, bürgerte sich erst mit der weiteren Verbreitung des Hamburger Schnacks ein. *„Kommt gaanich in Tüte, daß wir all sonn neumodschen Kroms mitmachn, zunn Beispiel wie inn hochdeutsche Versi-oon vonne Redewendung 'n ‚die' vor Tüte sprechen!"*

nicht in Tüte kommen

nix für können, **nix an machen** und **nix auf geben** „Nix" steht plattdeutsch für „nichts". In drei Kombinationen erklingt es im Hamburger Hochdeutsch besonders prägnant: Wer in einer Angelegenheit jegliche Verantwortung ablehnt, bringt dies durch den Ausspruch „Da kann ich nix für" zum Ausdruck; als kopfschüttelnder Kommentar zu einer hoffnungslosen, nicht mehr zu ändernden Tatsache eignet sich: *„Da kannsu nix an machen"* (plattdeutsch: „Dor kannst' nix bi moken"), und wer von etwas nichts hält, sagt: *„Da geb' ich nix auf!"* (➛ *daran, darauf …).*

nölen oder „nödeln" entstammt dem Plattdeutschen und steht für „maulig" oder sogar ➛ *mucksch* sein, vielleicht deshalb auch für „langsames Arbeiten", das auch lautmalerisch gut passen würde. Solch träges Tun wird auch als „nuddeln" bezeichnet, ein „Nuddelbüdel" ist also jemand, auf den man ewig warten kann.

Nuddelbüdel ➛ *nölen*

Nüdelkastenlüüd ist die plattdeutsche Bezeichnung für Leierkasten- oder Drehorgelleute. Vor Anbruch des multimedialen Zeitalters sorgten sie für musikalische Unterhaltung in den Straßen, wenn auch nur aus der Konserve und nicht handgemacht wie die ➛ *Pankokenkapellen.*

Ochsenzoll Der Ochsenzoll in Langenhorn lag früher an der Grenze zu Schleswig-Holstein. Seit Beginn des 17. Jahrhunderts bis in die 1860er Jahre bestand hier eine Zollstelle, an der auch die von Jütland und Schleswig-Holstein nach Hamburg getriebenen Schlachtochsen verzollt werden mußten.

Ökelname Ein Ökelname ist ein Spitzname. Im vormotorisierten Hamburg waren vor allem die Droschkenkutscher fleißige Ökelnamendichter: Sie nannten sich z. B. „Fiete Schneidig", „Chinesenmoppel", „Hein Punschmuul" oder „Schimmelreiter". Aus dem Alltag auf den Fleeten und im Hafen sind von den Ewerführern (➛ *Schute*) eine lange Reihe von zum Teil äußerst kuriosen Namengebungen überliefert: Chronische Zahnschmerzen eines Kollegen machten aus ihm den „Hein Tähnpien" (Zahnpein). Er muß wohl eine prägnante Persönlichkeit gewesen sein, denn Sohn und Enkel wurden ohne große Umschweife „Tähnpien 2" und „Tähnpien 3" genannt. „Wilhelm Granot", abgeleitet von einer Stimme, so laut wie der Einschlag einer Granate, machte doch ohne Zweifel etwas her, während sich „Demgemäß extrem" sicherlich das eine oder andere Mal gefragt haben wird, ob er seine ständig wiederkehrende Redewendung nicht lieber hätte ablegen sollen, bevor sie als Ökelname (vermutlich für ein Leben lang) an ihm haftengeblieben war. Auch die stadtbekannten Originale ➛ *Aalweber,* ➛ *Hummel* oder ➛ *Zitro-*

nenjette hatten sich ihre legendären Namen natürlich nicht selbst gegeben, sondern sie (unfreiwillig) vom Volksmund erhalten.

Oha, **Oha oha** und **O haua haua haua ha** „Oha" wird als erstaunter oder stutzender Ausruf verwandt und erklingt mit abgehacktem „a" (O-Há). Bei einem Anlaß von größerer Bedeutung kann es als „Oha oha" wiederholt werden, und wenn es in gebundener Form als „O haua haua haua ha" zu hören ist, kann es als ein sicheres Anzeichen dafür gelten, daß irgend etwas schiefgelaufen ist und Ärger zu erwarten steht.

Ollen *„Unse Ollen"* sagen Kinder untereinander für „unsere Eltern" (plattdeutsch: Öllern).

Olsch ist die Alte, mit der sprachlich derb die Mutter oder die Ehefrau gemeint sein kann. „De Olsch mit de Lücht" (Die Alte mit dem Licht) war der Titel eines 1922 am Ernst-Drucker-Theater, dem späteren St.-Pauli-Theater, uraufgeführten vieraktigen Volksstückes mit großem Erfolg. Auch der schönwetterliche Spaziergangsaufforderung „Rut mit de Olsch in de Freuhjohrsluft!" war von der Bühne ins Publikum gesprungen und von dort in den Hamburger Wortschatz gelangt (Erstaufführung 1941).

Onkel Pö ist der Name einer legendären Hamburger Musikkneipe. Sie eröffnete 1968 zunächst am Mittelweg in Pöseldorf und 1971 erneut am Eppendorfer Weg/Ecke Lehmweg, nun als „Onkel Pö's Carnegie Hall". Durch sein unkonventionelles, durch verschiedene Musikstile bunt gemischtes Programm mit Auftritten auch internationaler Künstler und Künstlernachwuchs wurde das „Pö" weit über Hamburg hinaus bekannt. 1985 schloß das Lokal.

Oohne Enne, sach ich dir! hört man häufig zur Bezeichnung von allem, was im Überfluß vorhanden ist, „ohne Ende" vorrätig eben.

Oskar vom Pferdemarkt ➛ *Wucht in Tüten*

Pärrisch leben lautet eine ältere Redewendung, die „sich einen guten Tag machen" oder moderner: „man gönnt sich ja sonst nichts" bedeutet. Sie geht auf den Hamburger Kaufmann John Parish (1742–1828) zurück. Der Sohn schottischer Einwanderer begründete seinen Reichtum durch den Großhandel mit Getreide aus dem Baltikum. Der aufwendige Lebensstil und vor allem die prunkvollen Feste, die Parish in seinem Landhaus an der Elbchaussee ausrichtete, waren der Anlaß, daß „Pärrisch leben" in Hamburg zu einem Begriff für Genießen und Feiern im großen Stil wurde.

palen bedeutet „pulen". Das Wort leitet sich ab von den Palen, den Hülsen von Erbsen und Bohnen, die ihre reife Frucht schon in sich tragen. Palerbsen müssen also vor dem Kochen gepalt werden.

Pankokenkapellen haben nichts mit Pfannkuchen zu tun. Ihre Name geht auf einen Musiker namens Leberecht Pankoken zurück, der im 19. Jahrhundert vermutlich aus der Kremper Marsch nach Hamburg kam. Er organisierte ein großes Blasorchester, das jedoch weniger bekannt wurde als seine kleinen Musikertrupps. Noch lange nach dem Zweiten Weltkrieg zogen solche Gruppen mit schwarzen Hüten, meist Melonen, auf behördlich genehmigten Routen durch die Straßen. Mindestens drei oder vier Bläser, die übrigens alle eine Ausbildung durchlaufen hatten, konnten eine Pankokenkapelle bilden. Bei entsprechenden Anlässen kamen sie auch in größerer Besetzung. Pankokenkapellen kann man noch heute mieten; tanzende Kinderscharen, wie sie sich früher sofort nach den ersten Tönen um die Musiker bildeten, wird man kaum finden.

Wenn eine Pankokenkapelle sich auf dem Bürgersteig aufbaute und zu spielen begann, dauerte es nicht lange, bis die Kinder um sie herumtanzten.

Passage ➛ *Terrasse*

Paternoster ➛ *Proletenbagger*

Patrioten waren und sind die Mitglieder der 1765 gegründeten Patriotischen Gesellschaft im besten Sinne des Begriffs: Sie sind bereit, freiwillige Leistungen zum Wohlergehen ihres Gemeinwesens, der Stadt Hamburg, zu erbringen. Michael Richey übersetzte daher das Wort Patriot einmal treffend mit „Stadtfreund". Die Vereinigung, deren korrekter Name Hamburgische Gesellschaft zur Beförderung der Künste und nützlichen Gewerbe lautet, war der institutionelle Mittelpunkt der Hamburger Aufklärung. Ihre Mitglieder suchten Mittel und Wege, allgemeine Reformbestrebungen in die Tat umzusetzen. So praktizierten sie religiöse Toleranz, widmeten sich der Wirtschaftsförderung, z. B. durch Ausbildungsverbesserung, Gewerbeausstellungen, Bekanntgabe von Erfindungen oder durch Effektivierung der Armenfürsorge. Die Gesellschaft gab zahlreiche Anstöße zur Einführung von Neuerungen, so

Der Neubau des Hauses der Patriotischen Gesellschaft an der Trostbrücke entstand genau an der Stelle des 1842 zerstörten alten Hamburger Rathauses. Darstellung von 1852

auch der ersten Sparkasse der Welt. Im 19. Jahrhundert kümmerte sie sich um die Verbesserung der Lebensverhältnisse der Industriearbeiter. Unser heutiger Behördenapparat übernahm die meisten der früheren Betätigungsfelder der Patrioten. Ihr 1844–47 an der ➛ *Trostbrücke* errichtetes Haus ist jedoch nach wie vor Diskussionsforum für grundsätzliche Angelegenheiten in der Stadt und Entstehungsort fruchtbringender Ideen.

patuh oder **petuh** wird das französische „partout“ (= überall) ausgesprochen. Es ist ein beliebtes Verstärkungswort. *„Se will patuh nich mitte S-Bohn faan, sonnern immä mitt 'n Woogen!“* Im Flensburger Raum bezeichnet „Petuhtante“ eine Frau, die, von Arbeit oder anderen Verpflichtungen befreit, die Zeit hatte, sich z. B. mit Freundinnen auf den Fördedampfern zu Kaffee, Kuchen und Klatsch zu verabreden.

Pedd di man nich up'n Slips heißt hochdeutsch „Tritt dir bloß nicht auf den Schlips“ und gilt als Ausspruch demjenigen, der sich über Gebühr aufbläht und wichtig tut. Edith Oppens berichtet in ihrem Buch aus dem „Hamburg zu Kaisers Zeiten“, daß es der „‚Pedd-di-man-nich-up'n-Slips-Mentalität' der unteren Schichten“ entsprach, sich z. B. über die Zeremonien des Senats mit spöttischen Bemerkungen lustig zu machen, der besonders bei Kaiserbesuchen in voller, spanisch-niederländischem Vorbild nachempfundener Amtstracht (Ornat) samt ➛ *Mühlstein* um den Hals auftrat, und sich ganz allgemein „durch kein noch so ehrwürdiges Schauspiel beeindrucken“ zu lassen. Dieselbe Bedeutung hat „Pust di man nich up!“

Pennschieter wird genannt, wer ein Geizhals ist und „pennschietrich" auf jeden Pfennig („Pennich") schielt. Der berühmteste Träger dieses ➛ *Ökelnamens* war kein Geringerer als der Hamburger Bürgermeister Herbert Weichmann (1965–71). In seinem Falle klang in der Titulierung als „Pennschieter" und „Dukatenscheich vom Gänsemarkt" jedoch eine gute Portion Respekt mit, denn er erwarb sie sich in seiner Zeit als Finanzsenator und Chef der Finanzbehörde am Gänsemarkt (1957–65).

Peterwagen Angeblich aufgrund eines Verständigungsproblems zwischen einem englischen Kontrolloffizier und einem Hamburger Polizeiangehörigen entstand diese Benennung für Funkstreifenwagen. Als im Herbst 1946 die ersten fünf als „Radiowagen" von den britischen Besatzungsbehörden genehmigt werden sollten, galt es zunächst, die Aufgabe der Fahrzeuge zu klären. Der englische Offizier hatte dabei das Wort „Patrolcar" nicht verstanden und ließ es sich buchstabieren: „Listen, Sir: ‚P' like Peter …", und schon hatte er genug gehört und *seine* Namensversion notiert. Heute fahren in der Stadt ca. 230 Peterwagen, deren Bezeichung auch von „Peter" für das Funkzeichen „P" in der Abkürzung von P(olizei)-Wagen abgeleitet wird. Die Hamburger Peterwagen werden im polizeilichen Funkverkehr vom „Michel"-Sprecher dirigiert und heißen „Peter".

Peute ➛ *Veddel*

Pfeffersäcke ist ein allgemeiner Spottname für reiche, geizige Menschen, der aber besonders häufig auf Hamburger bezogen zu hören ist. Es gibt ihn schon seit dem Mittelalter. Ein früher Beleg für seine Anwendung stammt aus keiner geringeren Feder als der des dänischen Königs Christians IV.: „Hochmütige Krämer und Pfeffersäcke, schmierige Heringshändler und Bärenhäuter" nannte er einmal die Hamburger, mit denen er sich durch die 60 Jahre seiner bis 1648 andauernden Regierungszeit mal mehr, mal weniger heftig herumstritt, zumeist über die Frage seiner Hoheitsrechte in der Stadt. Tatsache ist, daß das Geschäft mit den wertvollen, zum Teil wie Bargeld benutzten Pfefferkörnern den europäischen Gewürzhändlern seit dem Mittelalter hohe Gewinne bescherte und sich auch die Hamburger Kaufleute erfolgreich daran beteiligten.

Einem königlichen Vorbild nachempfunden: Ein Hamburger Fuhrunternehmer ließ den Berliner Marstall für sein Firmengebäude am Rande des heutigen Campus der Universität Hamburg kopieren. Federzeichnung von Helmut Skaruppe

Pferdestall Ausgerechnet die tiefsinnigsten und geschliffensten Denker der Universität Hamburg, die Philosophen, hatten ihr Domizil lange in einem Gebäude, dessen früheren Bewohnern, zumindest einem uralten Kalauer nach, man doch das Denken überlassen solle, nämlich den Pferden. Das im Unialltag nur „Pferdestall" genannte Gebäude des Fachbereichs Philosophie und Sozialwissenschaften wird seit 1929 von der Universität genutzt. Es wurde 1908 am früheren Bornplatz (heute Allende-Platz), mitten im entstehenden ➛ *Klein Jerusalem,* im Auftrag des Luxusfuhrunternehmens J. A. Schlüter, damals das größte in Kontinentaleuropa, errichtet. Die Fassade entstand getreu nach Vorbild des königlich-preußischen Marstalls in Berlin. Sie schmückte ein technisch hochmodern ausgestattetes Gebäude, in dem neben Büros und Werkstätten über 200 Pferde und 100 Fahrzeuge Platz fanden.

Piepmantjes heißen die kleinsten, zu „Matten" zusammenflochtenen Schwarzpulver-Knallkörper, mit denen auch schon Kinder zu Silvester hantieren dürfen.

Pieselei ist ein hamburgisches Wort für eine kleine („billige") Kneipe, der Wirt ist der Piesel. „Pieseln" steht dagegen für „dünnes, leises Regnen" und ist außerdem eines der vielen Wörter, die dieselbe Bedeutung haben wie ➛ *pischern.*

piesacken heißt im Plattdeutschen „quälen" oder „ärgern" und ist heute in ganz Deutschland zu hören.

Pik As entwickelte sich als Begriff aus der offiziellen Abkürzung „P.As", die wiederum für das 1913 in der Neustädter Straße eingerichtete „Polizei-Asyl" stand, eine Übernachtungsstätte mit mehreren Schlafsälen und insgesamt 748 Betten. Heute stehen 244 Betten in Zwei- bis Sechsbett- und zwei Einzelzimmern ab 18 Uhr für Übernachter zur Verfügung. Im Rahmen von „Winternotprogrammen" können weitere Schlafgelegenheiten hinzukommen.

pischern ist eine verbreitete Bezeichnung für das „kleine Geschäft", dessen Verbform nördlich der Elbe somit sehr viel weicher ausgesprochen wird, als es mit „pinkeln" oder dem harten Doppel-S in „pissen" andernorts zu hören ist. Andere Ausdrücke lauten „seegen" und für kleine Kinder „lötern", „püschen" oder „pien".

Planten un Blomen war 1935 der Name einer Gartenschau. Sie fand größtenteils auf dem Gelände am Dammtor

Der 1985 angelegte Japanische Garten in Planten un Blomen, im Hintergrund das Hotelgebäude des 1973 fertiggestellten Congress Centrums Hamburg (CCH)

statt, wo 1863–1930 der Zoologische Garten gelegen hatte. Der Name, der hochdeutsch „Pflanzen und Blumen" bedeutet, blieb dem Gelände erhalten. 1953, 1963 und 1973 wurde es anläßlich der Internationalen Gartenbauausstellungen (IGA) um- und neugestaltet. Am Ostrand wurde 1973 auch das Congress Centrum Hamburg eingeweiht.

Platz vor der Glitsch! ist ein Warnruf der auf dem Eis der ➛ *Glitsche* Glitschenden. Außerhalb des Eises entspricht er dem mehr oder weniger humorigen hochdeutschen Schnack *„Vossicht – heiß und fettich!"*, mit dem sich die betreffende Person ihren Weg durch eine stehende Ansammlung von Menschen zu bahnen versucht. Wer jemandem einen Plan vereitelt, ihm in die Quere kommt, der piet ihm in die Glitsch (➛ *pischern*).

Pli Wer etwas mit Pli erledigt, der hat der Sache eine gute Wendung gegeben – was aber nicht weiter verwunderlich ist, da jemand mit Pli sowieso schlau ist und sich auf gewandtes Benehmen versteht. Ein glatter und guter Sprecher glänzt mit rednerischem Pli. Das Wort ist als umgangssprachlicher Ausdruck aus dem Französischen übernommen worden und seit dem 18. Jahrhundert belegt.

plietsch ist, wer sich pfiffig und gewitzt anstellt, wer auch in verfahrener Situation nie um einen Ausweg verlegen ist oder auf unangenehme Fragen stets eine schlagfertige Antwort parat hat. „Plietsch" hängt übrigens nicht, wie man annehmen sollte, unmittelbar mit ➛ *Pli* zusammen, sondern es leitet sich von dem hochdeutschen Wort „politisch" ab, das im 17. Jahrhundert im übertragenen Sinne als Schlagwort für französisches Benehmen stand und soviel wie „geschickt" oder „pfiffig-verschlagen" meinte.

P-Liner Ein P-Liner gehört zur Flotte der Reederei Ferdinand Laeisz (gesprochen: Leiß). Bis heute beginnen alle Namen ihrer Schiffe mit einem „P", und die noch zu Dampfschiffzeiten auf die Reise gehenden „Pamir", „Passat", „Peking", „Potosi" oder „Preußen" machten die „Flying-P-Linie" legendär. Die schnellen „Salpeter-Clipper" waren im Liniendienst nach Chile eingesetzt und umfuhren somit regelmäßig das Kap Hoorn. Sitz der Firma ist der Laeisz-Hof an der ➛ *Trostbrücke.* Auf dem 1898 fertiggestellten Gebäude ist von der gegenüberliegenden Fleetseite aus ein Pudel auf dem Dach zu sehen. So hieß das erste Laeisz-Schiff, und so lautete zugleich der innerfamiliäre Spitzname von Sophie Laeisz (1831–1912), der Schwiegertochter des Firmengründers, die wegen ihrer krausen Haare und aufgetürmten Lockenfrisuren so genannt wurde.

Eine Frisur, die Schiffahrtsgeschichte schrieb: Die aufgetürmte Haarpracht von Sophie Laeisz führte zu dem Spitz- und späteren Schiffsnamen „Pudel".

plöör sind Kaffee, Grog oder sonstige Getränke, wenn sie zu dünn sind, also lediglich eine „Plörre" darstellen.

Plünnen ist ein Begriff für Lumpen oder zerschlissene Kleidung, aber ebenso ein geringschätziger Ausdruck für Kleidung oder Stoffe allgemein. „An- und ausplünnen" steht für die hochdeutschen Verben „an- und ausziehen".

Plünnenhöker zogen noch bis Anfang des 20. Jahrhunderts mit Handwagen durch die Straßen und nahmen verwertbare Kleider oder Stoffreste, aber meist auch allgemein Altmaterialien an. Im Hamburgischen Wörterbucharchiv ist einer ihrer Ausrufe überliefert: „Plünn un Knocken, ohle Buddel, oles Isen" (= Eisen). Alles wurde in den „Plünnkeller" verbracht, den Raum, der meist tatsächlich in einem Keller lag und als Lager-, Verkaufs- und Wohnraum zugleich diente.

Plünnkreuzer ist ein Spottname für Faltboote, die im Sommer auf Hamburgs Wasserwegen und vor allem in den Vierlanden oder im Alten Land unterwegs sind. Er leitet sich ab von dem Stoff, mit dem die zerlegbare, den Schwimmkörper bildende Holzkonstruktion des Bootes überzogen ist.

Pöseldorf „Pöseln" hat ähnliche Bedeutung wie das Wort ➛ *püttjern* und meint das mehr oder eher weniger effektive, aber liebevolle „vor sich hin Basteln oder Schrebern" oder das „Herumpusseln". Daß ein solcher Begriff dem heute so exklusiven Viertel an der Alsterseite auf der Grenze der Stadtteile Harvestehude und Rotherbaum in Höhe Mittelweg/Milchstraße einmal den Namen gab, lag möglicherweise daran, daß es hier bis ins 19. Jahrhundert viele kleine Grundstücke und Gärten gab. Handwerker und Krämer sollen sich hier durch ihre freie Zeit gepöselt haben.

Präpositionen ➛ *daran, darüber, darauf…*

PRO Zu den Verteilungsstellen und Geschäften der „PRO" ging lange Zeit halb Hamburg einkaufen. Die Abkürzung steht für den Konsum-, Bau- und Sparverein Produktion e.G.m.b.H. 1899 wurde er als Konsumgenossenschaft gegründet. Die Organisation sollte der besseren und kostengünstigeren Versorgung von Beziehern kleiner Einkommen dienen und hatte großen Zulauf. Nach der NS-Zeit 1946 wieder ins Leben gerufen, bekamen die deutschen Konsumvereinigungen bald die starke Konkurrenz durch Selbstbedienungsläden zu spüren. 1974 schlossen sich daher rund 100 deutsche Genossenschaften unter dem Dach der neugegründeten co op AG zusammen. Im selben Jahr wurde die PRO zur Pro Verbraucher AG umgewandelt. Seit 1998 gehört die PRO zur SPAR Handels-AG.

Proletenbagger war ein Spottname für die Paternoster, also die Personenumlaufaufzüge mit offenen Kabinen, die in Hamburgs Bürolandschaft massenweise ihre Runden drehten. Gab es für die Chefetage außerdem einen geschlossenen Aufzug, war dieser im Gegensatz zum Proletenbagger der Bonzenheber. Der erste deutsche Paternoster fuhr im 1885/86 erbauten Dovenhof, dem Prototyp des Hamburger Kontorhauses (1967 abgerissen). Ein Jahr später gab es bereits neun weitere, und von den 1936 in Deutschland gezählten 679 Anlagen lief etwas mehr als die Hälfte allein in der Hansestadt. 1890–98 notierte die Polizei 29 Unfälle, fünf davon mit tödlichem Ausgang. Heute gibt es noch 44 Paternoster in Hamburg.

Prüntje ist ein in Hamburg verbreitetes Wort für den Priem, das Stückchen Kautabak, das man sich „achter de Kusen" schieben kann (hinter die Backenzähne, siehe ➛ *Kuse*). Beide Begriffe haben ihren Ursprung in dem niederländischen Wort für Pflaume. „Prüntje" kann zugleich etwas ganz Kleines von geringem oder gar keinem Wert bezeichnen. Wenn ein Kind ein Prüntje im Mund hat, dann ist der Bissen Fleisch gemeint, auf dem es schon ewig herumkaut. Ein „Prüntjer" kann also auch ein Langsamesser sein. „Prüüntje-Böhn" wurde der 2. Rang des St.-Pauli-Theaters genannt, dessen früher heißbegehrte, unnumerierte „billige Plätze" (auf schmalen, harten Holzbänken) erst 1969 gegen Klappsessel ausgetauscht wurden.

püttjern ist der plattdeutsche Ausdruck für „töpfern" (Pütten = Töpfe). Wer in Hamburg jedoch „Püttjer" genannt wird, ist zumeist jemand, der sich in Kleinarbeit verliert, daher wenig produktiv ist und somit nur noch „rumpüttjert"; der „Püttjerbüdel" wird mit seiner Arbeit nicht nur diesmal nicht, sondern eigentlich niemals fertig. Zwei weitere Bedeutungen des Verbs sind „beim Ein- oder Ausgießen oder Trinken Flüssigkeiten verschütten" und, wie im Hamburgischen Wörterbucharchiv herausgefunden wurde, „von einer Eisscholle zur anderen springen".

Pulvermanns Grab wird wegen ihrer besonderen Schwierigkeit eine Sprungkombination beim Deutschen Springderby in Klein-Flottbek genannt (1,40 Meter Steilsprung, Wassergraben, 1,20 Meter Aussprung). Namengeber war der „Vater" des Klein-Flottbeker Parcours, der Hamburger Kaufmann und leidenschaftliche Reiter Eduard F. Pulvermann. 1940 wurde er wegen angeblicher „Heimtücke" und Spionage verhaftet,

1943 aber freigesprochen. Dessen ungeachtet nahm ihn die Gestapo sofort fest und verbrachte ihn ins Konzentrationslager Neuengamme. Pulvermann starb am 9.4.1944 im Gefängnislazarett Langenhorn.

Pumpesel ist eine von vielen volkstümlichen Bezeichnungen für den Rohrkolben, die hohlschäftige Pflanze, die in den Marschgebieten an Gewässern wächst und auch als Zimmerschmuck Karriere machte. Andere Namen sind „Kanonen-“ oder „Lampenputzer“. Einem etwas deftigeren Bild verdankt der Begriff „Pumpesel“ seine Entstehung: Er leitet sich ab von „Bommpesel“, einer Abschleifung von „Bullenpesel“, und bedeutet also nichts anderes als „Bullenpenis“.

Purks bezeichnet einen kleinen, vielleicht sogar noch Windeln benötigenden Jungen, aber auch ein kleingewachsener Mann, ein Knirps, kann gemeint sein.

Puschen ist in ganz Norddeutschland häufig als Kurzwort von „Pampuschen“ für (Filz-)Pantoffeln oder Hausschuhe zu hören. Das Wort stammt ursprünglich von weit her, nämlich aus dem Arabischen (Babusch), und gelangte über das Französische „babouche“ in die deutsche Sprache zwischen Nord- und Ostsee. Auch in Hamburg ergeht mit „Komm in die Puschen!“ die Aufforderung, sich gefälligst ein bißchen zu beeilen.

Pust di man nich up! ➛ *Pedd di man nich up'n Slips*

Putzbüdel war ein früher gängiger Begriff für „Friseur“ – der natürlich in dessen Hörweite möglichst vermieden wurde. Als es noch üblich war, daß Friseure auch Barbiere waren und die Morgenrasur anboten, hießen sie im Volksmund auch Babutz, Bartschraper oder Schnutenfeger.

Putzlaputz gelangte aus dem Plattdeutschen in das Hamburger Hochdeutsch und bezeichnet im positiven Sinne einen Alleskönner und zumeist einen guten Hand- oder zumindestens Heimwerker, der einfach „alles hinkriegt". Weiter ist es ein geringschätziger Ausdruck für ein „Mädchen für alles", das für die anspruchslosen Haushaltsarbeiten zuständig ist. Eine Mutter z. B. könnte mit der unmißverständlichen Feststellung, sie sei doch kein Putzlaputz, ihre fernsehguckenden Kinder auffordern, doch gefälligst mal den Müll runterzutragen, aufzuräumen oder eben zu putzen.

Puvogel ist der plattdeutsche Name des Pfaus.

Quäsen sind Hautblasen. Sie stellen sich vorwiegend an Händen oder Füßen ein, z. B. durch ungewohnte Handarbeiten oder zu langes Laufen in neuen Schuhen. Auch durch Quetschungen kommt es zu *Kwehsen*, bei leichten zu Wasser- und bei schweren zu Blutquäsen.

Quaddeln sind Hautrötungen oder Schwellungen, die z. B. durch eine allergische Reaktion oder einen Insektenstich hervorgerufen sind und nicht von einem Sturz („Beule", „Schramme") oder von ähnlichen Außenwirkungen herrühren.

Quarkbüdel oder „Quarkpott" ist die Bezeichnung für den, der ständig quarkt, also meckert, und an allem und jedem etwas auszusetzen hat.

Quartiersleute heißen die Lagerunternehmer im Hamburger Hafen. Ihr Name zeugt noch davon, daß sie früher meist in Vierergruppen organisiert waren (Quartiersleute = Viererleute). Sie nannten sich nach dem Namen ihres Vormanns, wobei die Teilhaber, die Consorten, im Firmennamen als „& Cons." erschienen. Die heutigen Lagerunternehmen haben diese Tradition beibehalten.

Männer, die sich ihres Standes wohl bewußt waren: Quartiersleute in der Speicherstadt. Foto vor 1914

quasen oder **quosen** Kinder quasen, wenn sie langsam und lustlos auf ihrem Essen herumkauen, ohne zu schlucken. Wenn sie lang genug auf ihrem Bissen Fleisch herumgequast haben, ist daraus vermutlich ein ➛ *Prüntje* geworden.

Quiddje oder „Quittje" ist eine halb scherzhafte, halb spöttische Benennung für Nichthamburger oder Neuzugezogene in der Stadt. Die Herkunft des nach dem heutigen Stand der Forschung erstmals 1865 in einer Hamburger Zeitung aufgetauchten Wortes ist unbekannt. Der nur in Hamburg vorkommende Begriff bezeichnet aber auch allgemein Vornehmtuer oder Personen mit ungewohntem, z. B. süddeutschem Dialekt und auffallender Sprachmelodie. Als der populäre Bürgermeister Herbert Weichmann am 19. Juni 1968 den ersten Rammstoß zum Bau des Neuen Elbtunnels in Gang setzte, kam der Kreis der Ehrengäste in den Genuß einer unfreiwilligen Dusche durch Spritzwasser aus der Dampframme. In Hamburg machte daraufhin der Ausspruch eines Umstehenden die Runde, daß nun der „Quiddje aus Schlesien endlich mit Elbwasser getauft sei“.

Raboisen Witzbolde behaupten, dieser Straßenname der Altstadt gehe auf einen Oberbayern zurück, der meinte, das schlechte Pflaster sei so holprig wie ein Reibeisen („Dös is wie an Raboisen“). Tatsächlich wird der schon im Mittelalter belegte Name auf einen hier an der alten Stadtmauer gelegenen Befestigungsturm zurückgeführt. Er seinerseits soll nach einem hier wohnenden, in städtischen Diensten stehenden „Kriegsmann“ benannt worden sein.

Ränzel lautet die in ganz Norddeutschland verbreitete Verkleinerungsform des ursprünglich aus der Gaunersprache stammenden Begriffs „Ranzen“, mit der die auf dem Rücken getragene Schultasche oder der Rucksack der Kinder bezeichnet wird.

Johann Hinrich Wichern, der Begründer des Rauhen Hauses. Zeitgenössisches Porträt, das Wichern 1845 mit einem Vers aus dem Johannesevangelium unterschrieb

Rattjes (sprich: Rottjes) ist die Verkleinungsform des plattdeutschen Wortes „Rott“ für Ratte. Im Hamburger Straßendeutsch wurden die Fabrikarbeiterinnen abschätzig „Rattjes“ genannt. Die „Sprittattjes“ waren in der Produktion und mit der Abfüllung von Schnaps beschäftigt, die „Fischrattjes“ dementsprechend in fischverarbeitenden Unternehmen.

Rauchfleisch ➛ *Hamburger Rauchfleisch*

Rauhes Haus „Das Rauhe Haus“ ist der Name einer Stiftung für Sozialarbeit mit Sitz im Stadtteil Horn. Er leitet sich ab von einer kleinen, strohgedeckten Kate, die einmal einem Mann namens Ruge gehört hatte: Aus „Ruges Haus" wurde nach und nach „Rauhes Haus". Gebäude samt Grundstück erhielt der evangelische Theologe und Sozialreformer Johann Hinrich Wichern (1808–81) von der Familie Sieveking zum Geschenk, um hier eine „Rettungsanstalt" für verwahrloste Kinder und Jugendliche einzurichten. Die heutige Stiftung ist auf vielfältige Weise im Kinder-, Jugend- und Altenbereich mit Sozialarbeit und Ausbildung aktiv. Zu ihr gehören unter anderem die Evangelische Fachhochschule für Sozialpädagogik und die Evangelische Fachschule für Altenpflege.

Redder bezeichnet mit Knicks eingefaßte (Feld-)Wege, häufig Sackgassen.

reell Das französische Wort „réel" bedeutet „wirklich" oder „echt". Im Hamburger Hochdeutsch ist eine reelle Sache schon von sich aus immer etwas Gutes, etwas „Vernünftiges". Was etwas taugt, das ist reell, das läßt sich verwerten. Als Gegenteil könnte das Wort ➛ *albern* gelten, denn was albern ist, ist ➛ *dumm Tüch,* also dummes Zeug und somit unsinnig und wertlos.

Reeperbahnen war ursprünglich die Bezeichnung für die mehrere hundert Meter langen Bahnen der Reepschläger (oder Reeper), die auf ihnen Schiffstaue herstellten (Reep = Tau). Nördlich der heutigen Straße „Reeperbahn" wurde zwischen 1626 und 1883 auf zehn solcher Bahnen Hanf zu Tauen gedreht. Schon im 18. Jahrhundert waren südlich davon Vergnügungsbuden entstanden, die den Anlaß für den Straßennamen

Wo heute die „sündigste Meile der Welt" verläuft, wurden früher Schiffstaue hergestellt.

„Spielbudenplatz" gaben. Sie stehen am Anfang einer Entwicklung, die die Straße Reeperbahn zur „sündigsten Meile der Welt" und damit ganz St. Pauli berühmt machte. Angesichts der Bekanntheit seines „Kiez-Boulevards" wird es der Stadtteil sicherlich ➛ *verknusen,* daß sich bei vielen *„anstännigen Leuten"* die Namengebung ➛ *St. Liederlich* (und St. Lustig) einbürgerte.

Reihe findet sich als Bestandteil von Straßennamen (z. B. in Lange Reihe). Auf diese Weise wurde zur Zeit der Benennung auf die einseitige Bebauung der Straße hingewiesen. „Reihe" darf jedoch nicht verwechselt werden mit „Reye" (z. B. in Schlankreye) oder „Rei" als Hinweise auf einen kleinen Wasserlauf.

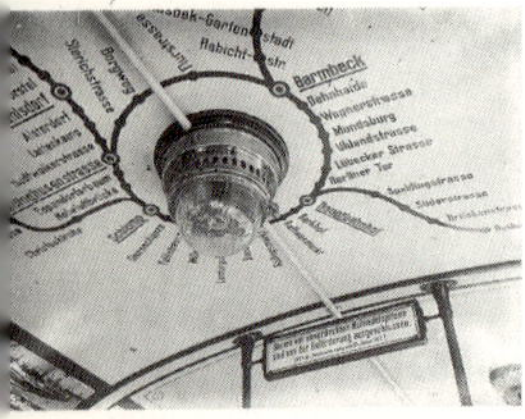

Der Deckenplan in jedem Wagen der Ringbahn zeigte, auf welchem Weg es durch die Stadt ging.

Ringbahn wurden Züge und Gleise der 1911 gegründeten Hamburger Hochbahn AG genannt (und zuvor bereits eine Straßenbahnstrecke). Ihrem Namen gemäß verlief die ab 1912 schrittweise eröffnete Strecke ringförmig durch die Stadt und verband Hafen und Innenstadt mit den Wohngebieten in Hohenfelde, Barmbek, Winterhude, Eppendorf und St. Pauli. Der Kurs entspricht heute bis auf den von der U2 befahrenen Abschnitt Barmbek–Berliner Tor der Linie U3, die übrigens auf dieser Ur-Ringbahnstrecke neben der eigentlich nur bezahlten Beförderungsleistung gratis eine wunderschöne Stadtrundfahrt hergibt. Nach und nach wurde die Ringbahn (seit 1947 offiziell: U-Bahn) auf ihr heutiges Streckennetz erweitert. Heute umfaßt das U-Bahn-Netz rund 100 km mit 89 Haltestellen.

rödeln ➛ *dödeln*

rösch ist ein anderes Wort für „kroß“ oder „krosch“, also für das hochdeutsche Wort „knusprig“.

rüschen ➛ *Glitsche* ➛ *Kreek* ➛ *verrüschen*

rumdibbern Kinder dibbern rum, wenn sie z. B. bei ihren Großeltern um etwas betteln oder ihre Eltern bewegen wollen, in einer Angelegenheit nachzugeben. Kinder dibbern rum, Erwachsene ➛ *belemmern* jemanden oder kommen angekötelt (➛ *anköteln*).

Rummelputt oder **rummeln** Der Hamburger Rummelputt oder einfach nur das Rummeln ist eine alte, heute vor allem in der Blankeneser Gegend noch so rege wie früher praktizierte Kindersitte. Am Silvesterabend (früher auch am Martins-, Fastnachts- und Weihnachtsabend) ziehen die Kleinen verkleidet in Grüppchen in ihrer Nachbarschaft von Tür zu Tür und bitten um kleine Geschenke und vor allem um ➛ *Schnoopkrom.* „Rummeln“ bedeutet soviel wie „poltern“, und das tun die Kinder, die „Rummelputt laufen“, traditionell mit selbstgebastelten Trommeln, die auch im Takt die kleinen, von ihnen aufgesagten Sprüche begleiten. Wichtigste Requisite war früher ein mit einer Schweinsblase überzogener Topf (plattdeutsch „Putt“), in dem ein eingesteckter Rohrstengel hoch und runter bewegt wurde, so daß ein brummendes Geräusch ertönte. Die Texte variierten in den verschiedenen Teilen der Stadt, sollen aber in den Vier- und Marschlanden besonders handfest gewesen sein. Ein ganz kurzer Vers lautete: „Rummel, rummel, rooken, schenk mir'n Appelkooken!“

Rundstück heißen in Hamburg Brötchen, sofern sie mit weißem Mehl gebacken sind, ihr Äußeres rund bis länglich ist und weder Kniff noch Falte aufweist. In dieser Form wurden sie schon im 17. Jahrhundert in der Stadt gebacken. Für ein „Rundstück warm" wird ein solches Brötchen in zwei Hälften geschnitten und mit gekochtem Schinken oder warmem Braten und dunkler Bratensoße serviert.

Sabbelbüdel wird in Hamburg genannt, wer viel redet und dabei häufig auch ➤ *dumm Tüch* von sich gibt. „Sabbel" ist im Plattdeutschen ursprünglich ein Wort für Speichel oder Mund, was sich in der Verschmelzung mit dem französischen „Serviette" – und in dieser Bedeutung – als „Sabbeljette" erhalten hat. Einen Vielsprecher gebietet man Einhalt mit: „Halt den Sabbel!" oder „Sabbel di doot!" Wer noch vor einigen Jahrzehnten jemandem „sabbel" war, der hatte sich mit ihm zerstritten und war ihm böse.

Sabbeljette ➤ *Sabbelbüdel*

Santa Fu ist der umgangssprachliche Name für die Justizvollzugsanstalt Suhrenkamp. „Fu" steht für den Stadtteil Fuhlsbüttel, in dem die Straße Suhrenkamp liegt, an der 1879 das damalige „Zentralgefängnis" den Betrieb aufnahm.

Scha'snichbeiwas! ist ein besonders schöner Satz aus Dirks Pauluns ➤ *Missingsch*. Er heißt auf hochdeutsch „Schade, daß du nicht dabei warst!" und betitelte ein Gedicht im ersten Band seiner „Studien in Hamburger Hochdeutsch" (1950).

Schangs und **Schanze** *„Mit Schangs schaff' ich's noch, alles rechtzeitig zu ➛ beschicken"*, könnte jemand in höchsten Terminnöten sagen, der aber nicht ohne Hoffnung auf ein gutes Ende ist. Das Wort leitet sich von französisch „la chance" (= das Glück) ab. In Hamburg ist es häufig in dieser Bedeutung in Gebrauch, was Auswärtige wundern mag, die mit dem Ausdruck zunächst nüchterne Wahrscheinlichkeitsüberlegungen verbinden.
Chancen im Sinne von guten Gelegenheiten gibt es häufig im Fußball, meistens werden sie jedoch vergeben – sehr zum Ärger der Fans und der „Kritischen Zaungäste". Unter diesem Titel veröffentlichte Dirks Paulun 1951 eins seiner Fußball-Gedichte.

„Flaschee! Schiiieß!-
Soon toozichre Schanze!
Mußt er doch bloß felengern
übern rechtn Außnspann,
denn gink er unhaltbar inne linke Ecke.
Abe muß den Ball netührch stoppn!
Son Rastelli is je nich glücklich,
wenne nicht fummeln kann un toischn.
Das' je kein Fußball – das' je Spielerei!"

Schanzenviertel oder vor Ort einfach „Schanze": Dieser Begriff entstand erst in den 1980er Jahren. Er bezeichnet das ehemalige Arbeiterwohnquartier in der Altbaugegend um das ➛ *Schulterblatt* bis zur Schanzenstraße mit dem Sternschanzenpark samt Wasserturm als Wahrzeichen und ist heute durch junges, multikulturelles Leben, aber auch durch Armut und Drogenprobleme geprägt. Namengebend war die 1682 fertiggestellte Sternschanzenbastion, ein vierzackig-sternförmiger Vorposten des Verteidigungssystems aus Erdwällen, das Hamburg bis Anfang des 19. Jahrhunderts umgab. Das Viertel erhielt durch anhaltende Hausbesetzungen, zahlreiche Polizeieinsätze und vehemente Protestaktionen, z. B. gegen den Ausbau der alten ➛ *Flora* Ende der 1980er Jahre, den Ruf, daß seine Einwohnerschaft „radikal" sei. Für eine Verbesserung der Wohnverhältnisse in dem 15 ha großen Gelände wollen die drei hier aneinandergrenzenden Bezirke Hamburg-Mitte, Altona und Eimsbüttel gemeinschaftlich sorgen.

Schapp kommt aus dem Plattdeutschen und bedeutet Schrank. Heute sind original Hamburger Schapps wertvolle Antiquitäten. Es handelt sich um große, zweitürige Schränke mit kunstvollem Schnitzwerk und weit auskragendem Kranzgesims. Hergestellt in Hamburger Möbeltischlereien, fand der Schapp seit dem 17. Jahrhundert entlang der Niederelbe bis nach Dithmarschen Verbreitung. Das Museum für Kunst und Gewerbe am Steintorplatz besitzt wertvolle Stücke.

Schauerleute Ein Schauermann ist ein Hafenarbeiter, der zusammen in einer Arbeitsgruppe, der ➛ *Gang*, für das Löschen (Entladen) und Laden (Beladen) von Seeschiffen zuständig ist. Der Name leitet sich ab von „sjouwen" (= hart arbeiten), und auch im Zeitalter des Containerverkehrs und moderner Technik kann manchmal nicht auf Muskelkraft verzichtet werden. Offiziell sind „Schauerleute" nur ungelernte, meist nur für eine Schicht engagierte Arbeiter, die jedoch auch das korrekte Stauen der Ladung übernehmen, was der Stauervize kontrolliert (➛ *Vize*).

scheesen Wer in Hamburg scheest, der rast.

schettrig oder **schetterig** Wer schettrig ist, ist blaß, fühlt sich körperlich unwohl und elend. Der Begriff eignet sich auch für die Umschreibung eines Katergefühls.

schick In Nutzung des französischen „chic" steht das Wort im ganzen deutschen Sprachraum für „modisch", „schön" oder „geschmackvoll gekleidet". Die flachere Bedeutung als generell positiv wertendes Adjektiv ist in Hamburg häufig zu hören. Dirks Paulun notierte dazu: „*Schick* kann nicht nur ein Kostüm oder sonstiges Kleidungsstück sein. ‚Religionsstunde war schick!' – Alles, was gefällt oder in den Kram paßt, wird mit dem Ruf *schick! (schääck!)* bedacht."

schier Das Wort wird verwendet, um etwas als rein oder makellos zu qualifizieren. Qualitätvolle Stoffe oder auch ein hervorragendes Stück Fleisch – ohne Sehnen oder Knochen – können als schier bezeichnet werden, das gleiche gilt für die besonders glatte Haut eines Menschen, allen voran natürlich die der Babys.

Schiet oder **Schietkrom** sind zum Fluchen geeignete Begriffe, die es in vielen Variationen gibt (z. B. „Schiet ok" oder „Schietwedder"). Ein bedächtig ausgesprochenes „Schiet" oder „Schiete" sollte aber für Norddeutsche zum Abreagieren ausreichend sein (➛ *sollen*). So oder so klingen die Wörter deutlich weniger ordinär als ihr hochdeutsches Pendant für Dreck oder Kot im weitesten Sinne („Scheiße"). In der Anrede „Na, mein kleiner Schieter" (auch „Schietbüdel", vergleiche ➛ *Büdel*) kommt sogar eine zärtliche Bedeutung zum Vorschein.

Schiffszimmerer ist ein alter Handwerksberuf. Wenn jedoch in Hamburg von den „Schiffszimmerern" die Rede ist, ist die Allgemeine Deutsche Schiffszimmerer-Genossenschaft gemeint. Sie wurde 1875 von Mitgliedern des Deutschen Schiffszimmerer-Vereins gegründet und ist die älteste bestehende Genossenschaft Hamburgs. Zunächst sollten auf eigenen Werften nur Arbeitsplätze gesichert werden, doch dann kam die Aufgabe der Wohnraumbeschaffung dazu. Die „Schiffszimmerer" bewirtschaften heute in Hamburg und Umgebung über 8 000 Wohnungen.

Schmidt Schnauze ➛ *Flutkatastrophe*

Schmooktaim! ist die Ankündigung einer kurzen Arbeitspause. Sie dauert regulär etwa halb so lang wie ➛ *Fofftein,* genaugenommen eine Zigarettenlänge oder „Rauchzeit", wie die Übersetzung des englischen Ursprungswortes lautet. Noch kürzere Unterbrechungen einer Tätigkeit zum „Verpusten" ließen sich mit *„Ma' eben Aumblick Pause!"* einleiten.

Schmuddelwetter herrscht bei schwachem Wind, hohem Luftdruck, tief hängender, dichter Wolkendecke und gegebenenfalls leichtem Niesel- oder Sprühregen. Besonders häufig zieht Schmuddelwetter im Herbst auf, es kann aber bei jeweils unterschiedlichen Temperaturen zu allen Jahreszeiten entstehen. Daß Hamburg generell die „Traufe Deutschlands" ist (weil das Wetter hier in einer Hälfte des Jahres schlecht sei, während es in der anderen regne), läßt sich wissenschaftlich schwer beweisen, wird aber vor allem von Zugereisten aus milderen oder beständigeren Klimazonen häufig so empfunden und von der Mehrzahl der 1,7 Millionen Einwohner der Stadt gern bestätigt.

Schnack oder **Snack** leitet sich ab von „snacken", dem plattdeutschen Wort für „sprechen". Ein Schnack ist ein zumeist regionaltypischer Spruch, eine Redewendung, manchmal nur ein Wort, oder, um es ganz genau auszudrücken: *„was man eben in Hamburch so sacht".* So dürftig diese Erklärung klingen mag, so treffend ist sie. Die verschiedenen Gesellschafts-, Sprach- und Altersschichten haben jeweils ihre eigenen Schnacks. Mit „schnoopen", „Schnoopkrom", „Scholle sein", *„springlebennich"* und *„überwech sein"* finden sich jedenfalls gleich eine ganze Handvoll in den nächsten beiden Artikeln.

schnoopen heißt „naschen", und „Schnoop" oder „Schnoopkrom" ist somit wie ➛ *Naschen* ein Wort für Süßigkeiten. „Schnoop" zu kaufen, gehört bekanntlich zu den schönsten Beschäftigungen von Kindern, ob es nun für einen Ausflug ist oder nur zur Versüßung des täglichen Schulwegs *(„Hass noch Schnoopkrom?")*.

Schnutenfeger ➛ *Putzbüdel*

Scholle sein Wer Scholle ist, ist völlig ausgelaugt, total im Eimer – platt wie der namengebende Fisch eben, der übrigens im späten Frühjahr als Maischolle besonders lecker ist und garantiert neue Kräfte weckt. Er sollte möglichst so frisch sein, daß der Verkäufer ihn als *springlebennich* anpreisen kann. Damit zerstreut er zugleich die von Stirnrunzeln begleitete Überlegung des Kunden, ob die Ware vielleicht schon *überwech sein* könnte, nämlich über das Datum ihrer besten Qualität.

Schottsche Karre ist in Hamburg die Bezeichnung für einen zweirädrigen Handkarren, der über Jahrhunderte als vielseitiges Transportmittel in der Stadt allgemeine Verwendung fand. Der namentliche Ursprung hängt mit den Anfang des 17. Jahrhunderts in Hamburg eingeführten Karrenstrafen zusammen. „Zur Karre" verurteilte Sträflinge mußten einen schweren Wagen durch die Straßen ziehen und den Müll abfahren. Michael Schott, ein ehemaliger Karrensträfling, blieb vermutlich als Aufseher nach seiner Entlassung seinem bisherigen Metier treu.

Schulterblatt heißt heute eine im 17. Jahrhundert als „Im Schulterblatt" benannte Straße. Ein findiger Wirt hatte sich seinerzeit das Schulterblatt eines Wals von einem der zahlreichen Hamburger Walfänger mitbringen lassen, es bunt bemalt und als Aushängeschild vor die Tür gehängt. Die 135 Hausnummern des heutigen Schulterblatts liegen auf dem Gebiet von insgesamt vier Stadtteilen (St. Pauli, Altona-Altstadt, Altona-Nord, Eimsbüttel).

Schuten sind die Lasttiere des Hafens. Die breiten Boote ohne Kiel und Motor

tragen bis zu 250 Tonnen Ladung.
Früher handelte es sich um abgetakelte ➛ *Ewer,* weshalb auf den Berufsstand der Führer einer Schute auch der Name ➛ *Ewerführer* überging. Er kann sein Gefährt in flachem Gewässer durch Staken mit dem Peekhaken (auch: „Piekerhaken") fortbewegen, ansonsten ziehen kleine Hafenschlepper die Schute.
Von Mai bis Oktober ist eine 1913 gebaute Kastenschute des Museums der Arbeit im Nikolaifleet an der Deichstraße zu besichtigen.

Schuten übernehmen den Transport der Ladungen, wenn das Schiff nicht selbst am Kai festmacht. Blick auf die Norderelbe gegenüber dem Kirchenpauerkai, 1899

Schwanenvater ➛ *Alsterschwäne*

Schwarze Gang Der englische Ausdruck „Gang" (➛ *Gang*) für eine Gruppe von Arbeitern ist auch im Hamburger Hafen eine übliche Bezeichnung für die zusammen in einer Schicht arbeitenden Männer. Zur „Schwarzen Gang" gehörten die Ausübenden der besonders schmutzanfälligen Berufe wie z. B. die „Ketelklopper", die die festgebrannte Dreckschicht im Inneren der Dampfkessel mit Hammer und Meißel und später mit Schlaghämmern entfernen mußten. Dementsprechend waren die „schwarzen Schauerleute" für den Umschlag von Kohlen zuständig.
Heute wird der Ausdruck „schwarze Gang" nur noch auf die Mitarbeiter des Schiffsdurchsuchungstrupps des Wasserzolldienstes angewandt. Nicht sicher ist, ob in ihrem Fall die Bezeichnung darauf anspielt, daß sie in den Tiefen der Schiffe auf Staub und Schmutz stoßen, oder auf die schwarzen Uniformen, die ihre britischen Kollegen nach der Gründung der Einheit während der britischen Besatzung nach dem Zweiten Weltkrieg trugen.

Sechslingspforte heißt heute eine Straße zwischen den Stadtteilen St. Georg und Hohenfelde. Als „Sechslingspforte" bezeichnete der Volksmund die „Alsterpforte", eine 1852 eingerichtete Zahlstelle für ein Wegegeld. Sie befand sich an einem neu angelegten Fußweg von der Lohmühle zur Uhlenhorst bei einer Brücke über den ehemaligen Wallgraben der Befestigung St. Georgs. Die 1864 abgebrochene Sechslingspforte wurde nach dem Geldstück für sechs Pfennige, dem Sechsling, benannt, der zum Passieren entrichtet werden mußte.

Senatsgehege Daß in Hamburg ein Begriff, der Auswärtige unwillkürlich an die Verwahrung wilder Tiere erinnert, in Zusammensetzung mit der Landesregierung zur Anwendung kommt, hat sprachhistorische Gründe. Die Beschränkung des Begriffs „Gehege" auf Wildhaltung ist noch nicht sehr alt, in früheren Zeiten meinte man damit lediglich einen abgegrenzten Bereich. Dies „Gehege" gab es schon im um 1290 errichteten Rathaus am ➛ *Neß* an der ➛ *Trostbrücke.* Dabei handelte es sich um ein Geviert, in dem das Gestühl der hier tagenden Ratsherren stand. Es galt als befriedet, das heißt, niemand durfte in Waffen vor den Rat treten. Weil sich 1860 die offizielle Benennung des Rates in Senat geändert hatte, erhielt auch der engere Bereich des Senats im neuen, 1897 eingeweihten Rathaus die Bezeichnung „Senatsgehege".

Slamaitjenbrücke ist ein schon im 17. Jahrhundert belegter Name, der seit 1960 offiziell den Brückenabschnitt der Ost-West-Straße über dem Alsterfleet bezeichnet. In einer Verbindung des plattdeutschen „slampig" (= unordentlich, schlampig) mit „Maitje" (= Mädchen) sollte der Name auf das lose Weibsvolk anspielen, das in dieser Gegend seinem Gewerbe nachging.

Smuttaal ➛ *Aal*

Snuten un Poten bedeutet „Schnauzen und Pfoten", und zwar vom Schwein, als Eintopf gekocht und zusammen mit Pürree auf dem Teller serviert. Nicht jeder Hamburger muß dies Gericht mögen, aber es kann nichts schaden, es zu kennen oder, noch besser: es probiert zu haben. „Snuten un Poten" war auch der Titel eines Couplets und späteren Hamburger Gassenhauers der Gebrüder Wolf, das sie 1911/12 in der Revue „Rund um die Alster" sangen.

Söten „Söt" (oder „seut") lautet das plattdeutsche Wort für „süß", und ein „Söten" meint nichts anderes als „Kuß" oder „Küßchen".

sollen kann im hamburgischen Sprachgebrauch auch die Bedeutung von „sein sollen", von „so gehören" annehmen. Der Ausspruch: „So ist das eben!" kann also auch als achselzuckendes „Soll ja wohl!" zum Ausdruck gebracht werden. Vera Möller überlieferte diesen ➛ *Schnack* in der Klein-Erna-Geschichte „Der Schwan":

„Mamma sitzt auf ne Bank an der Alster, und Klein Erna geht in die Anlagen spazieren. Mamma strickt zwei schlicht zwei kraus und will gaanich gestört werden … Und wie da mit 'n mal 'n großer Schwan angeschwommen kommt, da ruft Klein Erna: ‚Mamma, Mamma, kuck mal den

Schwaan, der hat aber 'n langen Hals!' Mamma: ‚Den laß man, Klein Erna, der soll ja wohl.'"

Sottje ist eine volkstümliche Bezeichnung für einen Schornsteinfeger. Sie leitet sich ab von der Koseform des plattdeutschen Wortes „Sott", das für den angesetzten Ruß steht.

spaddeln kommt von „zappeln" und bedeutet soviel wie „ungelenke Bewegungen machen". Wer z. B. ins Wasser fällt und nur unzureichend schwimmen kann, spaddelt so lange darin herum, bis er wieder festen Grund unter den Füßen hat oder herausgezogen wird.

Spickaal ➛ *Aal*

spiddelig oder **spittelig** Wer dies, auf sich gemünzt, zu hören bekommt, wird wegen seines mageren, „kümmerlichen" Körperbaus verspottet. Mit dürren Armen und Beinen (auch Scheren genannt) ist man spiddelig und ein hagerer Mensch somit im ganzen ein Spiddelfink oder Spittelfips.

Spökenkieker Ein Spökenkieker (oder Speukenkieker) ist ein „Spukseher". Wenn dieser Begriff fällt, geht es jedoch meist nicht um etwas Geheimnisvolles, sondern es wird von jemandem die Rede sein, der zweifelhafte bis unsinnige Geschichten von sich gibt, Spökenkiekereien eben.

springlebennich ➛ *Scholle sein*

St. Liederlich ist ein alter Name für den Stadtteil St. Pauli, der in diesem Zusammenhang wiederum als „auf St. Pauli" für das Amüsier- und Rotlichtviertel steht. Deutlich genauer differenzierten früher die Begriffe „St. Lustig" (für *„Amüsemang"*) und „St. Liederlich" (für die Bordellbereiche). Im Viertel links und rechts von ➛ *Reeperbahn* und Spielbudenplatz wuchs um die Mitte des 19. Jahrhunderts der Amüsierbetrieb stark an, und es entstanden zahlreich neue Häuser für Kneipen, Restaurants, Stimmungs- und Tanzlokale, Volkstheater, Varietés, Konzertveranstaltungen und Bordellwirtschaften, vor allem in den Seitenstraßen. Immer neue Attraktionen wurden präsentiert, und es erforderte Durchhaltevermögen, wenn man von einer Revue im ➛ *Trichter* bis Paul Beckers Hippodrom in der ➛ *Großen Freiheit* nichts auslassen wollte. Heute bevölkern Abend für Abend und besonders an Wochenenden Scharen von Touristen die Straßen mit den berühmten Namen wie Reeperbahn, ➛ *Herbertstraße* oder ➛ *Große Freiheit*. Mittlerweile hat sich neben den Sexshops, Peepshows und Automatenspielhallen auf dem ➛ *Kiez* ein vermehrtes Angebot an Kneipen und Bühnen für Theater, Kleinkunst und Kabarett etabliert, das ihn zusehends auch wieder für das Hamburger Publikum attraktiv macht.

St. Lustig ➛ *St. Liederlich*

staatsch ist plattdeutsch und heißt „stattlich, ansehnlich". „Ein staatscher ➛ *Kerdel*" oder „eine staatsche Frau" machen aber nicht nur äußerlich, sondern rundum einen *„ans-tännigen"* Eindruck.

Stadt Hamburg an der Elbe Auen…
➛ *Hammonia-Lied*

Stint

Stint Plattdeutsch hört man manchmal, jemand freue sich „as so'n Stint!" Warum es möglich ist, daß sich jemand wie der kleine, zu den Lachsfischen gehörende Fisch freuen kann, hat einen literarischen Hintergrund. Den Anstoß gab ein wonnig-kleines Frühjahrsgedicht, das 1797 im „Neuen Berliner Musenalmanach" erschien:

„Oh sieh! wie alles weit und breit,
Von lindem Schmeichelwind
Mit Wonneblüten überstreut,
An warmer Sonne minnt!
Vom Storche bis zum Spatz sich freut,
Vom Karpfen bis zum Stint!"

Daß nicht der Karpfen, sondern der als „Kleine-Leute-Fisch" geltende Stint zum Gradmesser der Fröhlichkeit wurde, könnte durchaus in Hamburg beschlossen worden sein. Hier sang man den aus einem Theaterstück entsprungenen Gassenhauer „An de Eck von Steenstrat steit ne Olsch un verkauft Stint", und am Fuße eines der schönsten Hamburger Plätze, dem Stintfang (➛ *Hafen-Balkon*), soll er zusammen mit unzähligen seiner Artgenossen im Wallgraben herumgeschwommen sein.

Der verschneite Stintfang während der Franzosenzeit im Winter 1813/14. Im Hintergrund die zugefrorene Elbe. Farbige Darstellung von Peter Suhr

Streek lautete der Name des Alsterlaufs zwischen Fuhlsbütteler Schleuse und ➛ *Außenalster.* Nur die 1904 benannte Streekbrücke zwischen Winterhude und Harvestehude und der dort gelegene gleichnamige Anleger der Alstertouristik (➛ *Alsterschippern*) halten die Erinnerung an ihn wach, da der Fluß seit der Kanalisierung (1914) auch auf diesem Teil als „Alster" fließt.

Stuten hießen ursprünglich nur längliche, in einem Wörterbuch auch als „oberschenkelförmig" bezeichnete

Weißbrote, der Begriff wurde dann aber als generelle Bezeichnung für feinere Weißbrote oder sogar ➛ *Rundstücke* verwendet. Stuten wurden – und werden – in verschiedensten Variationen gebacken, bis hin zu „Buntem Stuten" mit vielen Eiern, Butter, Rosinen und Korinthen (Kindermund: *„Krinten"*), der in Hamburg eigentlich als ➛ *Klöben* bezeichnet wird.
In Norddeutschland muß man übrigens nicht erst mühselig Eulen nach Athen tragen, um jemandem etwas zu geben, über das er schon reichlich verfügt, sondern hier heißt es einfach plattdeutsch: „Dat weer ja noch schöner: Bäckerkinner Stuten geven!"

suhtje Statt mit dem hochdeutschen „sachte, sachte" können in Hamburg auch mit dem Ausspruch „suhtje, suhtje" oder „Man gaanz suhtje" all diejenigen gebremst werden, die störende Hektik verbreiten (ebenso: ➛ *man sinnig*). Ein mit Bestimmtheit ausgesprochenes „Suhtje" kann gegen einen drängelnden Bittsteller auch heißen: *„So nich mit mir, jezz weiter, wie ich sach!"*

Tatsache wahr oder **Ehrenwort wahr** sind vor allem unter Jugendlichen Beteuerungsformeln der höchsten Stufe, wenn also der Sprecher noch stärker als mit „bestimmt" oder *„gaanz beschtimmp!"* die Richtigkeit seiner Rede gegen eventuell geäußerte Zweifel behaupten will.

Tele-Michel ist, in Anspielung auf den Turm des ➛ *Michels,* der volksmundliche Name des Hamburger Fernsehturms, der wiederum in offizieller Schreibweise Heinrich-Hertz-Turm heißt. Wie die Pla-

Vom „Tele-Michel" aus genießt man einen herrlichen Blick über die ganze Stadt.

kette am unteren Turmschaft ausweist, ist er nämlich dem berühmten Physiker (1857–94), einem „Sohn der Stadt Hamburg", gewidmet. Der Turm selbst mißt 204 Meter, mit Antenne sind es 271,5 Meter. 1968 begann nach dreijähriger Bauzeit der Sende- und Empfangsbetrieb. In über 100 Meter Höhe liegen die Aussichtsplattform und ein sich stündlich um 360 Grad drehendes Café-Restaurant.

Ein großer Teil des Hamburger Kleinwohnungsbaus entstand in der zweiten Hälfte des 19. Jahrhunderts in Terrassenanlagen. Foto der 1890–1903 errichteten Falkenried-Terrassen im Stadtteil Hoheluft-Ost

Terrasse lautet in Hamburg die Bezeichnung für geschlossene Kleinwohnungsanlagen, die in der zweiten Hälfte des 19. Jahrhunderts zur Beseitigung der Wohnungsnot der wachsenden Industrie- und Hafenarbeiterschaft in Hinterhöfen angelegt wurden. Entstand dabei eine gerade Verbindung zu einer zweiten Straße, wurde die Anlage auch „Passage" genannt. Zahlreiche Terrassen und Passagen sind heute bereits wieder aus dem Stadtbild verschwunden. Die von der Patriotischen Gesellschaft (➤ *Patrioten*) angeregte Jägerpassage in der Wohlwillstraße ist eines der ältesten erhaltenen Beispiele aus der Frühzeit des deutschen Arbeiterwohnungsbaus (1866–69). Erhalten sind die Falkenried-Terrassen im Stadtteil Hoheluft-Ost sowie die Anlagen im Schrammsweg in Eppendorf (631 Wohnungen) und am Mühlenkamp in Winterhude (295 Wohnungen).

Tesa-Film ist zwar längst kein Hamburger Begriff mehr, aber er ist hier entstanden, und zwar als Markenname der Firma Beiersdorf. Seit 1897 produzierte sie das technische Klebeband Citoplast, das 1936 einen neuen Namen erhielt. Die Sekretärin El**sa Te**smer stellte vier Buchstaben zur Verfügung, und „tesa" war geboren.

Das Unternehmen Beiersdorf geht namentlich zurück auf den seit 1880 in der Neustadt ansässigen Apotheker Paul C. Beiersdorf. 1882 meldete er ein Herstellungsverfahren für medizinische Heftpflaster zum Patent an. 1901 kam das medizinische Selbstklebepflaster Leukoplast auf den Markt, 1922 Hansaplast, 1909 der Lippenpflegestift Labello und 1911 die NIVEA-Creme. Die Beiersdorf AG, zu der 68 selbständige Tochterfirmen in 50 Ländern gehören, setzte 1996 fast 5,8 Milliarden DM um und beschäftigt weltweit über 17 300 Mitarbeiter.

Thetje

Die Schauspieler wechselten, der Dialog blieb und wurde zum Schnack: „Hast all Arbeit?" „Nee, aber Utsichten!" Szenenfoto aus dem 1885 erstmals am Varieté-Theater, dem heutigen St. Pauli-Theater, aufgeführten Stück „Familie Eggers"

Thetje oder **Tedsche** steht für hochdeutsch Theodor. Ein in Hamburg lange Zeit sehr bekannter Ausspruch lautete: „Thedje mit de Utsichten". Er geht zurück auf ein erfolgreiches, 1885 am heutigen St.-Pauli-Theater aufgeführtes Schauspiel mit dem Titel „Familie Eggers oder: Eine Hamburger Fischfrau". Darin wurde dem Hafenarbeiter Thetje Eggers, der Hauptfigur des Stücks, wiederholt die Frage gestellt: „Na Thetje, hast all Arbeit?" Seine Antwort „Nee, Arbeit nich – ober Utsichten!" wurde als „Thetje mit de Utsichten" geflügeltes Wort und spöttischer Kommentar zu ungewissen Projekten und Vorhaben.

Tor zur Welt Der ➛ *Schnack,* daß Hamburg das Tor zur Welt sei, dürfte in ganz Deutschland bekannt sein. Allein, es weiß in Hamburg niemand, wann er denn entstanden ist, vermutlich jedoch kaum vor der Zeit der Industrialisierung im 19. Jahrhundert, auch wenn das Tor zu der Burg im Hamburger Wappen schon früher zu entsprechenden Assoziationen hätte einladen können. Zur Feier des 750. ➛ *Hafengeburtstages*

1939 war „Hamburg – das Tor zur Welt" erstmals offizieller Werbespruch der Stadt.

Tran, „Trahn", Träne und **Trantüte** „Flensen" nennen die Walfänger das Heraustrennen der Speckschicht des erlegten Wals. Durch Kochen des Walfetts wird Tran hergestellt, der im 19. Jahrhundert ein wichtiger Brennstoff für Lampen wurde und das Rüböl ablöste (➛ *Krüsel*).

Wer jedoch „in Tran war", der war eigentlich volltrunken, denn, wie Michael Richey 1755 festhielt, „Trahn, Trähnken" stand auch für „Tröpfchen", und aus dem „man eben een Trähnken to sick nehmen" konnte schnell mehr und dann ein Vollrausch werden. Dementsprechend erklärte der verdiente Wortforscher „Trahn-Trine: trieff-äugichte Branntweins-Schwester".

Mit seinem langen a ist „Traan" die plattdeutsche „Träne", während „Trantüte" oder „-büdel" langweilige, langsame Menschen bezeichnet. Eine einigermaßen pietätlose bis mittelböse Verbindung zwischen der Träne, dem Zeichen der Trauer, und einer Trantüte, dem Langweiler, läßt sich bei dem Publizisten und ehemaligen ➛ *Jan Maat* Harry Reuss-Löwenstein finden. In „Wer zuletzt lacht…!« (1955) heißt es nach einem Todesfall: „Hätte der Tüffel (…) sie nicht schon längst heiraten können? Ehe er abgeschrammt war? Jetzt könnte sie hinterher flöten! Du langweilige Trantüte!"

Trichter war nacheinander der legendäre Name von insgesamt drei Gastronomien und somit begriffliches Wahrzeichen für das Amüsierviertel an Spielbudenplatz und ➛ *Reeperbahn.* Der erste „Hamburger Trichter" wurde 1805 am Millerntor erbaut. Es handelte sich um einen hölzernen Erfrischungspavillon mit Spitzdach. Nach seiner Zerstörung 1813 eröffnete er 1820 als „Ballhaus Trichter" erneut. Er diente jahrzehntelang als Domizil eines erfolgreichen Revuetheaters. 1889 eröffnete an dessen Stelle „Hornhardt's Etablissement" in einem prächtigen Neubau mit einer großen Kuppel über einem achteckigen Grundriß. Nach zeitweiligem Leerstand hieß der Bau um etwa 1920 wieder „Trichter" und bestand trotz starker Kriegszerstörungen noch bis 1958 als Ballhaus fort.

Trostbrücke heißt die geschichtsträchtige Brücke, die die bischöfliche Altstadt mit der um 1189 gegründeten gräflichen Neustadt verband. Als „Pons Trostes" ist sie erstmals 1266 erwähnt. Ihre Benennung hat nichts mit „aufmuntern" oder „trösten" zu tun, sondern geht vermutlich auf einen Mann namens Trost zurück, dem hier ein Grundstück gehörte. Die zwei Standbilder auf der 1881–83 erneuerten Brücke schuf der in Hamburg vielbeschäftigte Bildhauer Engelbert Peiffer. Sie zeigen den Bischof Ansgar als Stadtherrn der Altstadt und Adolf III. von Schauenburg als Gründer der Neustadt.

Tschä ➛ *Ja*

tschintschen Eine Angelegenheit wird getschintscht, wenn sie auf eine Art und Weise zustande kommt, die nicht dem eigentlichen, dem „offiziellen" Weg entspricht. Im Vorfeld könnte es zum Beispiel geheißen haben: „Laß ihn das man machen, der hat gute Kontakte, der

Trostbrücke

In den Gasträumen des Trichters herrschte meist großer Auftrieb. Das erste Lokal an dieser Stelle erinnerte mit seinem Spitzdach stark an einen umgestülpten Trichter. Darstellung um 1850

Blick auf die Trostbrücke über das Nikolaifleet und somit auf den Kern des alten Hamburg. An der Trostbrücke stießen Alt- und Neustadt zusammen, hier standen das Rathaus, die Börse, die Waage und andere wichtige städtische Einrichtungen. Das Foto zeigt links der Brücke den Laeiszhof und rechts das Gebäude der Patriotischen Gesellschaft.

tschintscht das schon." „Tschintschen" leitet sich ab von dem englischen Wort „change" (= wechseln), ist seit dem 20. Jahrhundert belegt und stammt in dieser Bedeutung aus der Seemannssprache.

Tschüs! Daß dies ein Abschiedsgruß ist, weiß ganz Deutschland. Es ist jedoch noch gar nicht mal lange her, da war „tschüs" nur dem Norden vorbehalten und wurde im Rest der Republik vor allem mit den großen Hansestädten in Verbindung gebracht. Nicht zu Unrecht, denn hier kamen viele Seeleute zusammen, unter denen früher der spanische Gruß „a diós" (= zu Gott [befohlen]) verbreitet war. Im Französischen, das in der norddeutschen Sprache auch schon vor der ➛ *Franzosenzeit* (1806–14) starken Einfluß genommen hatte, heißt es „adieu". Plattdeutsch wurde jedenfalls „adjüs" (kurz „tjüs") daraus. Im Verlauf des 20. Jahrhunderts verschliß sich „atschüs!" zu „tschüs!" (im Rheinland wurde „tschö" daraus, in Norddeutschland auch „tschüsing", und manchmal hört man ein häufig etwas modisch-affektiert gesungenes „tschüsi!").

Tüdelband kann ein einfacher, gerade benötigter Bindfaden sein, meint aber üblicherweise einen zusammengeknoteten (Woll-)Faden, den Kinder sich für das Spiel „Abnehmen" in komplizierten Mustern zwischen die Finger spannen. Wer ➛ *in Tüdel kommt* oder sich ➛ *vertüdelt,* hat verloren. Bekannt ist das Hamburger Lied mit dem Anfang „An de Eck steiht 'n Jung mit 'n Tüdelband". Hier steht „Tüdelband" jedoch für ein früher weitverbreitetes Jungenspielzeug, das auch „Trünnelband" heißen konnte. Gemeint ist ein Eisenring von etwa einem Meter

Durchmesser, der mit kurzen Schlägen zum Rollen gebracht wurde; die hochdeutsche Bezeichnung lautet „Trudelreifen".

Tüdelkram, Tühnkram, Tüdelüt oder **Tüdelei** sind sämtlich Dinge, die im Gespräch als überflüssig erachtet werden. Zum Teil sinnverwandt ist das nicht mehr verwandte plattdeutsche Wort „dönen", das sich im Wort „Gedöns" (für unsinniges Gerede oder auch für überflüssige Dinge) wiederfindet und als ➛ *dröhnen* weiterbesteht. Wem gesagt wird: „Das ist doch Tühnkram, was du da erzählst" oder „Du tühnst ja", dem wird der Inhalt seiner Reden nicht geglaubt, weil er übertreibt, flunkert oder einfach aufschneidet (*„Issoch Tüdelüt, wassu da sachs!"* oder *„Hör auf mit dein Tüdelei"*).

Tüte ➛ *nicht in Tüte* ➛ *Tütendreher* ➛ *Wucht in Tüten*

Tütendreher oder plattdeutsch „Tütendreiher" war eine Bezeichnung für den Krämer und besonders Kolonialwarenhändler. Mit zwei oder drei flinken Handgriffen entstand auf seinem Tresen eine spitzkegelige Tüte, auch in kleinsten Formaten, z. B. für Gewürze. Daher gilt die Bezeichnung „Tütendreher" im engsten Sinne für einen Gewürzkrämer.

tüterig oder **tüdelig** ist jemand, der – aufgrund hohen Alters – geistig nicht mehr ganz auf der Höhe ist, leicht ➛ *in Tüdel kommt* oder auch „tütert", also Unsinn erzählt.

tutig Wer tutig dies oder jenes tut, der handelt stets in harmlosester Absicht, er zeigt sich naiv, treuherzig und – das ist nämlich fast die Regel – auch treudoof. Für „trantutig" oder die „Trantüte" siehe ➛ *Tran.*

Twiete ist die plattdeutsche Bezeichnung für eine kleine Gasse oder einen schmalen Gang. Häufig verbindet sie zwei größere Straßen.

Udl oder **Udel** lautete noch bis ins 20. Jahrhundert hinein der Spottname für einen Angehörigen der Hamburger Schutzpolizei. Die Polizisten, die damals noch nach englischem Vorbild „Konstabler" genannt wurden, hatten ihn samt den zugehörigen Aufgaben von der 1876 aufgelösten Nachtwache unfreiwillig geerbt. Die Nachtwächter wurden nämlich schon seit langer Zeit mit dem plattdeutschen Wort für Eule als „Uhlen" bezeichnet, weil sie wie die Vögel in der Nacht unterwegs waren, und aus der „Uhle" wurde der „Udl" oder „Udel". Die im Nebenberuf tätige und entsprechend unmotivierte Nachtwächtertruppe hatte den Ruf, der hohen nächtlichen Aufmerksamkeit des namengebenden Tieres wenig gerecht zu werden: Man unterstellte den Uhlen in der Dienstzeit auch zwischenzeitliche Schläfchen.

überkandidelt ist eine Person, deren Verhaltensweise als „übergeschnappt" zu bezeichnen ist. Das im Gebrauch nicht auf Norddeutschland beschränkte Wort leitet sich von ➛ *kandidel,* plattdeutsch für „lustig" oder „gut gelaunt" ab und heißt somit eigentlich „überlustig" im Sinne von „überdreht".

überkriegen ➛ *kriegen*

Ühz wird die Kröte genannt; andere plattdeutsche Namen sind „Ittsche" oder „Üttsche".

um quälen „Nur nich um quälen", lautet ein gutgemeinter Ratschlag, wenn sich jemand in einer Angelegenheit „keine grauen Haare wachsen lassen soll". „Da quäl dich ma nich um!" kann es dagegen heißen, wenn sich jemand um eine Sache kümmert, die er gar nicht wirklich beeinflussen kann, oder sich sogar in etwas einmischt, das ihn nichts angeht.

umme Hand haben Wer nichts *„umme Hand hat",* hat nicht zu tun und kann (oder muß) die Finger ruhen lassen.

Und nu komms du! oder **Und nu sachs du!** Wer eine dieser Aufforderungen zu hören bekommt, der wäre, auch ohne daß sie hätte ausgesprochen werden müssen, in der Pflicht gewesen, etwas zu sagen. Der Satz wird in der Regel einer Argumentation oder Darlegung eines Standpunkts zu einem Sachverhalt angehängt und soll dem Gegenüber vermitteln, daß seine Stellungnahme schon äußerst überzeugend sein muß, um das soeben Gesagte in Frage zu stellen.

Veddel war als Große und Kleine Veddel der Name zweier früherer Elbinseln auf dem Gebiet des heutigen Stadtteils Veddel im Bezirk Hamburg-Mitte. „Veddel" bedeutete vermutlich einmal soviel wie „Weideland"; der Begriff erinnert daran, daß auf den Inseln des Stromspaltungsgebietes zwischen Süder- und Norderelbe Viehhaltung und Milchwirtschaft vorherrschten. Erst in den 1880er Jahren wurden hier weiträumig Hafen- und Industrieanlagen errichtet, und das Grünland verschwand. Auf der nördlich benachbarten Insel Peute begann Anfang des 20. Jahrhunderts der Aufbau der Kupferhütte der Norddeutschen Affinerie (➛ *Affi*), die heute weite Teile auch der Veddel einnimmt. Ende der 1920er Jahre entstand die Großsiedlung Veddel.

verbast ist, wer plötzlich dumm aus der Wäsche guckt, vielleicht weil er gerade durch eine unerwartete Nachricht wie vor den Kopf geschlagen ist.

verholen ist ein Begriff aus dem Hafen. Er bedeutet, daß ein Schiff von einem Liegeplatz an einen anderen gebracht wird. Wer dagegen z. B. in einer Kneipe die Aufforderung erhält, sich „zu verholen", sollte zusehen, daß er das Lokal alsbald verläßt, denn es heißt natürlich nichts anderes als: Verschwinde!

verjacksen heißt „verprügeln" (➛ *Jackvoll*).

verklaren Wem eine Sache „verklart" wird, dem wird sie erklärt. „Aufklaren" heißt in der Seemannssprache eigentlich „aufräumen" bzw. „alles in gute Ordnung bringen". Wenn es an Land einmal plattdeutsch heißt: „Alls klar!" (*„kloa"*), ist alles Wesentliche besprochen und verstanden worden, alles ist in Ordnung, und nichts mehr muß zu der betreffenden Angelegenheit gesagt werden.

verknusen Wer eine Speise nicht verknusen kann, der verträgt sie nicht oder hat Schwierigkeiten, sie zu verdauen.

Das Wort wird auch im übertragenen Sinne auf eine Angelegenheit angewandt, die jemandem nicht schmeckt, die er nicht ausstehen kann.

vermuddelt hat man etwas, wenn man erkennen muß, daß es sich inmitten einer selbstverschuldeten Unordnung als unauffindbar erweist (➛ *muddeln*).

verpulen ➛ *beipulen und verpulen*

verpusten ➛ *Schmooktaim*

verrüschen Wer verrüscht wird, wird ➛ *verjackst* oder *„kricht Kloppe"*.

vertüdelt oder **vertütert** Wem dies passiert, der hat sich verheddert, findet durch eine Sache nicht mehr durch, ist ➛ *in Tüdel gekommen*. Man findet den Anfang oder das Ende z. B. eines zum Knäuel gewordenen Fadens nicht mehr, oder beim Spiel mit dem ➛ *Tüdelband* naht das Ende. Wer dagegen „vertörnte" Taue nicht wieder auseinanderbekommt oder, im übertragenen Sinne, in einer festgefahrenen Situation steckt, „findet sich aus dem Hanf nicht wieder heraus".

Vierlande Die namengebenden Vier in Hamburgs südöstlichen Elbmarschen sind Kirchwerder, Neuengamme, Curslack und Altengamme. Diese alten, an Deichen entlang gelegenen Straßendörfer bilden samt ihrer Feldmark die Vierlande. Bis 1868 gehörten sie zum ➛ *beiderstädtischen* Amt Bergedorf. Ihr fruchtbarer Boden wird von den ehemaligen Elbarmen der Dove- und Goseelbe unterteilt. Gemüse- und Schnittblumenanbau prägen das Bild. In ganz Hamburg war die Tracht der Vierländerinnen bekannt, die sie noch im frühen 20. Jahrhundert auf dem Hamburger Großmarkt am ➛ *Meßberg* beim Verkauf ihres Gemüses trugen.

vigeliensch, vigelant und **ausklaviert** Die Violine (plattdeutsch: Vigelien) ohne Kratzen und Quietschen zu spielen ist eine feine, aber schwierige Sache, die lange gelernt sein will. Daher ist es kein Wunder, daß sich zur allgemeinen Bezeichnung von komplizierten Angelegenheiten das Wort „vigeliensch" gebildet hat. Wer etwas vigelant *(wiggelant)* hinbekommen hat, hat es geschickt eingefädelt, oder ausvigeliert, woraus wiederum *„ausklaviert"* wurde.

Vize leitet sich ab von dem lateinischen Wort „vice" (an der Stelle von), verselbständigte sich und bedeutet heute generell Stellvertreter. Im Hafen bezeichnet „Viz" den Vorarbeiter, der „Stauerviz" beaufsichtigt das korrekte Stauen der Transportgüter durch die ➛ *Schauerleute.* Im Plattdeutsch des Dichters Gorch Fock (eigentlich Johann Wilhelm Kinau, 1880–1916) ist der „Viez" der Stellvertreter des Hauswirts.

Blick vom 1908/09 errichteten Sloman-Haus auf die Vorsetzen in den 1920er Jahren. Vorn links die Ringbahn-Station „Baumwall"

Vorsetzen lautet seit dem späten Mittelalter der Name einer Straße in der Neustadt zwischen Johannisbollwerk und Baumwall am Niederhafen. Der Name ist wörtlich zu nehmen, da zur Sicherung der Uferseite gegen Ausspülungen Eichenbohlen in der Art einer Spundwand vorgesetzt wurden. Dadurch konnten Schiffe direkt am Ufer festmachen. Über der Straße verläuft das Viadukt für die U-Bahn (U3). Kurz bevor der Straßenverlauf Richtung St. Pauli-Landungsbrücken ein wenig nach Norden abknickt, liegt der Zugang zur Überseebrücke, an der auch das weithin sichtbare Hamburger Museumsschiff „Cap San Diego" festgemacht hat. Früher reihte sich an den Vorsetzen eine Hafenkneipe an die nächste, und ein alter ➛ *Schnack* lautete: „Gute Vorsätze scheitern nach dem dritten ➛ *Grog* an den Vorsetzen!"

Walddörfer klingt so gar nicht nach der Großstadt Hamburg, aber sowohl Wald als auch dörflichen Charakter gibt es in dieser Gegend an Hamburgs nordöstlicher Grenze. Sie wird von den ehemaligen Dörfern Farmsen, Berne, Volksdorf, Wohldorf, Ohlstedt, Groß-Hansdorf und Schmalenbeck gebildet. Der reiche, namengebende Waldbestand ist bis heute prägendes und unübersehbares Merkmal. Aus dem Leben in den historischen Walddörfern berichtet das kleine Museumsdorf in Volksdorf.

Wandsbecker Recht Wandsbek, bis 1879 offiziell mit „ck" geschrieben, kam als preußische Stadt durch das ➛ *Groß-Hamburg-Gesetz* von 1937/38 zum hamburgischen Staatsgebiet und ist heute einer der sieben Bezirke (knapp 400 000 Einwohner auf 147,75 Quadratkilometer Fläche). Für weite Teile Deutschlands ist bis ins 19. Jahrhundert der Spruch überliefert: „Das gilt zu Wandsbeck" (in Norddeutschland: „Dat gelt to Wandsbeck"). Er bedeutet soviel wie: Das gilt nicht. Hintergrund waren weitreichende Aufenthalts- und Handelsprivilegien, die im 17. Jahrhundert vor allem Bankrotteure, verschuldete Spieler und zwielichtige Geschäftemacher in die Grenzen des damaligen holsteinischen Gutes Wandsbek trieben. In Wandsbek war also einiges zulässig, was andernorts undenkbar gewesen wäre. Ab 1743 wurden die Privilegien nach und nach abgeschafft, aber ein unbestraftes Verbrechen war im Hamburger Volksmund weiterhin nach „Wandsbecker Recht" geschehen. Zu Zeiten des schnellen Wachstums des Fleckens und der späteren Stadt Wandsbek im 18./19. Jahrhundert verlor sich der schlechte Ruf. Die Sprüche über das angeblich so wüste Wandsbek hielten sich aber noch eine Weile, und ihr lautes „Kille, kille Wandsbek" riefen die dort wohnenden Jungs noch im 20. Jahrhundert mit geballter Faust, wenn sie zu ihren Unternehmungen losstürmten.

Wettern heißen die Entwässerungsgräben im Alten Land. Sie sind teilweise für kleine Lastkähne („Äppelkähne") und Boote schiffbar.

wie wenn *„Wie wenn es das nomaalste vonne Welt weer"*, ist „wie wenn" anstelle von „als ob" im heutigen ➛ *Missingsch* zu hören, und in spektakulären Sprachfällen heißt es auch schon mal „als wie wenn". Plattdeutsch wird mit „as" verglichen, z. B. in: „He freut sich as son ➛ *Stint"*.

Willkomm Höft ➛ *dippen*

Wippsteert wird im gesamten plattdeutschen Sprachraum das Kind genannt, das niemals ruhig ist und besonders dann nicht stillhält, wenn es dazu aufgefordert wurde. Zugleich ist es ein Vogelname, nämlich der der Bachstelze.

Wisch ist plattdeutsch und bezeichnet eine Wiese. In ehemals ländlichen Stadtteilen findet sich der Begriff häufig als

Bestandteil von Straßennamen. Ansonsten wird er wohl nur von Laien gebraucht, denn der Kundige spricht von Weiden oder Koppeln.

Wittkittel hießen nach ihren weißen Mänteln die Hamburger Feuerwehrleute früherer Zeiten. Chef der Brandbekämpfer war im 19. Jahrhundert der „Obersprützenmeister".

Zwei Wittkittel in voller Montur. Kupferstich von Peter Suhr, 1808

Wucht in Tüten ist neben „frech wie Oskar" vermutlich der berühmteste ➛ *Schnack* aus dem scheinbar unerschöpflichen Repertoire des Straßenhändlers Fritz Krüger (1902–69), besser bekannt als „Oskar vom Pferdemarkt". Aufgewachsen in St. Pauli, wurde er durch seine markigen Sprüche Hamburgs ungekrönter „König der Straßenhändler". Bis 1940 war er die Attraktion auf dem Pferdemarkt, dem heutigen Gerhart-Hauptmann-Platz, wo er seinen Verkaufsstand unterhielt. Die Passanten drängten sich oft wie vor einer Bühne und waren begeistert, wenn er mal wieder das angrenzende Karstadt-Gebäude abschätzig als „seine Filiale" bezeichnete oder seine Ware mit Witzen oder in kleinen Geschichten anpries. Die Arbeiterin und Schneiderin Meta Rötting überlieferte einiges davon in ihren autobiographischen Aufzeichnungen, so auch, wie Oskar z. B. mit einem Stück Seife in der Hand loslegen konnte: „Sonntags willst du dich mal schön gemütlich büschen ausruhn. Denn kommt die Alte und sagt: ‚August, hol mir mal 'n paar Eimer Kohl'n rauf!' Denn knurrst du, gehst aber doch runter in Keller und pustest mit deine Last die drei Treppen wieder rauf. Hast dir bei deine schwere Arbeit schwarze Pfoten geholt. Denn nimmst du diese Seife, und sie werden weiß wie Alabaster, weich wie Samt und duften wie ein Veilchen!" Paul Möhring notierte Oskars Schnacks zu Rasierklingen („Oskar-Klingen") und Blutstillern: „Erst in die Backe schneiden und dann auftupfen!" – „Klingen sind das, ich sag' euch, der Bart läuft einfach weg, wenn er die sieht! Na, Mutti, mal probiern?" – „Wer kein Geld hat, langt dem Nebenmann in die Tasche, vielleicht hat der noch was!"

Wurzeln werden im norddeutschen Raum Karotten oder Mohrrüben genannt.

Zampelbüdel oder einfach „Zampel" ist der Name des Beutels, in dem die Hafenarbeiter ihre Mahlzeiten und gegebenenfalls auch Werkzeug oder Ausrüstung bei sich tragen. Vielleicht fand sich in dem einen oder anderen auch ein Probenzieher oder Musterstecher. Die wörtliche Erklärung des Begriffs „Zampel" soll nämlich zum englischen Wort „sample" für Muster führen. Mit einem Musterstecher ließen sich z. B. bei Kaffeesäcken, ohne sie zu beschädigen, unauffällig *ganz paar* Bohnen in den Zampel abzweigen, denn schließlich mußten ja die Kleinröstereien in St. Pauli und Altona etwas zu tun haben! „Resterkaffe" nannte sich das Sortengemisch unbekannter Herkunft, das noch in den 1930er Jahren angeboten wurde. Uraltes Hamburger ➛ *Döntje* um *K'nickenfutter* (= Kaninchenfutter): Am Freihafenzoll weckt ein Zampelbüdel das Interesse eines Beamten. „Was ist da drin?" fragt der Zöllner – *„K'nickenfutter"* – „Bitte mal öffnen! – Das ist ja Kaffee!" – *„Wenn se dat nich freet, kricht se gornix!"*

Zippelhaus Aus dem mittelniederdeutschen Wort „Sipele" (= Zwiebel) leitet sich das plattdeutsche Wort „Zippel" ab. Der Hamburger Straßenname „Zippelhaus" lautete vor 1899 „Bei dem Zippelhaus" und erinnert an das hier am Zollkanal gegenüber der Speicherstadt gelegene Haus der Bardowicker Gemüsehändler (1888 abgerissen). Seit 1535 lagerten und verkauften sie hier nahe der Katharinenkirche ihr Gemüse, und vor allem eben Zwiebeln, die sie auf dem Wasserweg in die Stadt brachten.

Zisslaweng Das Hamburgische Wörterbucharchiv zählt mindestens 19 belegte Bedeutungen für dieses merkwürdige, auch „Schisslaweng" und ähnlich gesprochene Wort. Es meint im Grunde einen geschickt ausgeführten Kniff, einen eleganten Dreh, so leicht wie ein Fingerschnippen (das übrigens ebenfalls als „Zisslaweng" bezeichnet werden kann), oder sonst eine schwungvolle Angelegenheit. Die wahrscheinlichste Erklärung führt einmal mehr ins Französische und vielleicht zur selbstbewußten Kommentierung eines Gauklers während seiner flinken Fingerzaubereien: Einem kurzen „Voilà" könnte „Ainsi, cela vint!" (So schnell ging das!) folgen. Ebenfalls französisch ist: „C'est le vin" (das ist der Wein), der einer anderen Variante nach dem „Zisslaweng" seinen unabdingbaren Schwung verleiht.

Zitronenjette Die „echte" Zitronenjette wurde 1841 in Dessau geboren und kam bald darauf mit ihrer Mutter nach Hamburg. Körperlich und geistig zurückgeblieben, ernährte sie sich kümmerlich mit dem Kleinverkauf von Zitronen. Sie verkaufte aus einem Henkelkorb in der In-

Darstellung der Zitronenjette, deren Leben von vielen unglücklichen Umständen begleitet war. Als Titelfigur des gleichnamigen Bühnenstücks von Paul Möhring war sie der größte Erfolg des Hamburger Volkstheaters.

nenstadt, abends in Kneipen auf St. Pauli. Sie nahm gerne einen Schluck aus ihrer ➤ *Kömbuddel,* was ihr zum Verhängnis wurde. Das nur 1,32 Meter große, torkelnde Persönchen wurde häufig von Horden Straßenjungs (➤ *Briet*) verfolgt. Mehrfach in den Rinnstein gefallen, wurde sie in die Irrenanstalt Friedrichsberg eingewiesen, wo man sie bis zu ihrem Tod 1916 mit kleinen Arbeiten beschäftigte. Legendär wurde sie durch zwei Theaterstücke über ihre Person. 1900 kam Theodor Franckes „Citronenjette oder Ein weibliches Original" auf die Bühne, und Paul Möhring verfaßte mit „Zitronenjette" ein dreiaktiges Volksstück, das zum größten Erfolg des St.-Pauli-Theaters werden sollte (über tausend Vorstellungen).

Zollenspieker ist ein Ortsteil im Stadtteil Kirchwerder in den ➤ *Vierlanden.* Der Name entstand im 16. Jahrhundert für die dort an der Elbe errichtete Zoll- und Wehranlage. Schon zuvor lag mit dem Eislinger Zoll an dieser Stelle eine Zolleinnahmestelle. Von hier ließ sich weit über den Strom und die Landstraße ausspähen (spähen = spieken). Zugleich diente der Zollenspieker als Fährstelle. 1620 wurde die Anlage in kriegerischen Auseinandersetzungen mit Braunschweig-Lüneburg geplündert und zerstört. Der Neubau blieb auch nach dem Ende der Zollerhebung 1821 Fährstelle und Gasthof. Nach aufwendiger Sanierung und Freilegung von Fresken aus Renaissance und Barock ist das Fährhaus Zollenspieker seit 1998 wiedereröffnet und lädt als eines der ältesten Hamburger Kulturdenkmäler zu einem Besuch nach Hamburgs Südosten. Seit 1988 besteht das Naturschutzgebiet Zollenspieker.

„Zurückbleiben bitte“ hören die Fahrgäste von S- oder U-Bahnen in vielen deutschen Städten, und zwar kurz bevor die Türen schließen. Für die HVV-Fahrgäste erklingt es zumeist etwas breiter, und häufig schmilzt die Silbe „ben“ zu einem stimmlosen m, wenn auf dem Bahnsteig die Lautsprecher knacken und die Ansage *„Zuurückbleim bidde“* krächzen (siehe auch ➛ *Dammtor*).

Zwutsch Der Begriff ist vor allem in den drei großen Hansestädten verbreitet. Wer auf den Zwutsch (oder Swutsch) geht, verläßt des Abends seine Wohnung und begibt sich, zumeist in Gesellschaft, auf die Suche nach *Amüsemang*. Aber auch wer allein oder zu zweit nach getaner Arbeit oder abendlicher Lektüre zum Luftschnappen noch einmal ➛ *büschen* bummeln möchte, geht dann „auf 'n Zwutsch“.

Nachträge

abkönnen „Das kann ich nicht ab!" oder häufiger: *„Kai ni ab!"* hört man dauernd, manchmal auch in positiver Form („Das kann ich gut ab!"). Was genau dabei „ab" ist, läßt sich kaum klären, aber der Ausdruck bedeutet soviel wie „vertragen" oder „aushalten".

an Hand *„Komm an Hant!"* lautet die Aufforderung an das kleine Kind, die ausgestreckte Hand von Mutter oder Vater zu ergreifen (z.B. als Sicherheitsmaßnahme an einer belebten Straße oder in der Nähe des Süßigkeitenregals beim ➛ *einholen*). Zum Begriff gibt es auch eine ziemlich derbe Geschichte ➛ *Klein Ernas*: *Ganze Familie wah ja an Strant gegang, Eltern lagen in Sant. Wolltn ungestört döhsn. Klein Erna unt Brüderchen döhrfm büschn wahtn. Abber sie soll Klein Heini immer an Hant haltn. Wie Pappi mal nachkuckt, ist Erni gans in Tihfm, – kuckt blohs noch ihr Kopp raus. Wo is denn Heini abgeblihbm? fraacht er. Ruhft Klein Erna: Oooch, der is noch an Hant!*

backsig ist alles Klebrige, vor allem wenn es dort befindlich ist, wo man es nicht haben möchte, wie z. B. der Honig an den Händen beim Verzehr von ➛ *Franzbrötchen*. Schön backsig sind an heißen Sommertagen häufig auch die Sitze alter S- und U-Bahnwagen.

Blumenstraße Sie liegt im Stadtteil Winterhude und ist die Adresse vieler wohlhabender Hamburger mit prächtigen Häusern und schönen Hintergärten zum Rondeelkanal. Wer dagegen bescheiden auf ➛ *Etage* wohnt und beim Paddelausflug mühsam gegen Neidgefühle kämpfen muß, sollte gelassen einen Schnack zitieren: Nicht jeder, der in der Blumenstraße wohnt, riecht nach Veilchen!

büschen bis zu ist ein Kommando, das auf hochdeutsch „Ein bißchen näher ran!" lauten würde.

dammeln ist wie ➛ *dödeln* ein Tätigkeitswort für sinnloses Herumspielen und das ausführende Subjekt dazu dementsprechend der „Dammeljochen".

Das bin ich nicht/Das bist du nicht Wenn jemand meint, daß etwas nicht zu ihm passe und er deshalb nichts damit zu tun (oder zu ➛ *kriegen*) haben möchte sagt er: *„Das binnich nich!"* Wenn es heißt: *„Das bissu nich!",* soll der Gesprächspartner überzeugt werden, die Finger von einer Sache zu lassen oder sie anders zu behandeln.

Dat löpt sick allns wedder trecht heißt auf hochdeutsch: „Das läuft sich alles wieder zurecht." Der Schnack ist zur Beruhigung eines zu tröstenden Menschen zu hören, dem in leichteren wie in schwereren Fährnissen die liebevoll plattdeutsch angedeutete Aussicht, daß die „Dinge wieder in Ordnung kommen", vielleicht einen ersten freundlichen Gedanken eingibt.

Dor kanns ob speen Worauf man spucken kann, das ist da, dessen Realität ist nicht zu leugnen. Wer dies auf eine zweifelnde Frage antwortet oder dem zuvor Gesagten anhängt, bringt damit seine felsenfeste Überzeugung auf unmißverständliche Weise zum Ausdruck.

dückern ist plattdeutsch und heißt „tauchen" oder „ducken". Es ist vor allem von Kindern zu hören, wenn sie sich im Freibad gegenseitig *„unnerdüggern"*.

dull leitet sich ursprünglich ab von „tollwütig", steht aber auch für schlimm, schlecht, auch im Sinne von schmerzhaft: *„Zu fi getrungn?" „Dull Döhz!"*

Dutt ➛ *Fixer Dutt*

Ende von wech lautet eine hübsche Umschreibung für eine größere Menge, Entfernung (*„ganzes Ende zu laufen"*) oder längere Dauer: *„Was? Da wolln Se auf watn? Is abbe noch ʼn Enne von wech, bisser komb!"*

Eene meene mink mank, pink pank, ose pose ackerdeier, eier weier weg ist ein weiterer, wohl noch heute in ganz Norddeutschland bekannter Abzählvers (➛ *Elleri selleri* ...)

Feek, Feekfischer und **Feekstreek** In den ➛ *Vierlanden* auch als „Feik" bekannt, steht der alte Begriff, der heute weitgehend durch das Fachwort „Treibsel" ersetzt ist, für all das, was während einer ➛ *Tide* seine Reise auf dem Wasser am Ufer beendete, also vornehmlich Schilf, Gras, Stroh usw. Ein „Feekfischer" ist demnach ein Fischer wertlosen Krams, ein schlechter Vertreter seines Fachs. Die Finkenwerder Straße „Feekstreek" trägt ihren Namen nach dem am Ufer bei ablaufend Wasser zurückbleibenden Streifen verdichteter Feek, der zugleich den letzten höchsten Wasserstand anzeigt. Nach Sturmfluten türmt sich die zusammengeräumte Feek meterhoch am Elbstrand und am Deichvorland, bevor sie abgefahren und aufwendig kompostiert wird. Bleibt sie liegen, erstickt sie die Grasnarbe der Deiche, und ihre schnelle Beseitigung ist somit eine Daueraufgabe der Deichverteidigung.

Fixer Dutt und **Dutt** Dutt ist u. a. eine Bezeichnung für ein kleines, meist auffällig dickes Kind, kann aber auch allgemein für einen ➛ *Purks* stehen. Ist dieser besonders wendig und aufgeweckt, handelt es sich um einen „Fixen Dutt". Ein „Dutt" kann aber auch für eine Ansammlung eng beieinander befindlicher Dinge stehen, für einen Haufen oder ein Knäuel. Verkleinerung in beiden Fällen: Duttje oder Düttje. Was jedoch *„in'n Dutt gegangn is"*, liegt in Scherben, ging kaputt, vielleicht wurde es auch *„in'n Dutt gehaun"*, also in Stücke geschlagen.

Fleitjepiepen Fleiten heißt auf hochdeutsch „flöten" oder „pfeifen". Als wenn es wie ein kurzer Pfiff das Gegenüber stutzend macht, soll auch das Wort erklingen, es bedeutet nämlich soviel wie „Denkste!", „Dengste Puppe!" oder „War wohl nichts!" Aus Hammerbrook ist es ferner mit einer Bedeutung belegt, die dem neudeutschen „Peanuts" entspricht. Es steht also für eine unbedeutende, als lächerlich klein zu bezeichnende Menge von einer Sache und heißt auf einen Menschen bezogen „halbe Portion".

fuchtich heißt eigentlich naß oder feucht. Für seine weitere Bedeutung läßt sich das Wort richtig schön zornig aussprechen, so daß es zischt, denn wütend ist der, der das Wort benutzt: *„Geh wech damit, du machs mich gans fuchtich!"*

hinterherkötern bedeutet soviel wie nachlaufen. Häufig ist es vermutlich auch so, daß derjenige, der jemandem länger hinterherkötert, sich zugleich auch ➛ *ankötelt*.

Kapeisterwasser ➛ *Kappheister-wasser*

Kappheisterscheeten ist das plattdeutsche Wort für Purzelbaumschlagen. Auch ein Wasserkäfer wird „Kappheisterscheeter" genannt.

Kappheisterwasser (auch: Kapeisterwasser) ist (meist billiger) ➛ *Köm*. Vielleicht ist diese Namengebung darauf zurückzuführen, weil man nach Genuß einer bestimmten Menge davon angeheitert auf die Idee kommen könnte, Koppheister zu schießen, vielleicht, weil er so schlecht ist, daß man sich alsbald unfreiwillig nach vorn überbeugen muß.

kattameng *„Das machn wir nu kattameng!"* ist in den Vierlanden überliefert für: „Das machen wir nun beide zusammen", oder vielleicht genauer: „Du hilfst mir jetzt!" Solo kann es auch kein Mensch schaffen, dem eigentlichen Sinn des französischen Begriffs zu entsprechen: Er stammt aus der Sprache der Musik und meint mit „à quatre mains" das vierhändige Klavierspiel.

Kibbelkabbel Ein Kibbel ist ein 10-15 Zentimeter langes, beidseitig zugespitztes Stöckchen. Darum dreht sich alles beim heute weitgehend vergessenen Kinderspiel namens Kibbelkabbel. Im

Hamburgischen Wörterbuch sind die Regeln wie folgt zusammengefaßt: „Ein *Kibbel* wird über ein in die Erde gebohrtes Loch gelegt und von einem Spieler mit einem längeren Stock, dem *Kabbel*, möglichst weit in die gegnerische Spielhälfte geschleudert, wo die Mitspieler den *Kibbel* zu fangen versuchen; gelingt dies, gibt es Punkte, und der Fänger muß versuchen, mit dem *Kibbel* den vom Gegner niedergelegten *Kabbel* zu treffen; beim erfolgreichen Versuch ist der Gegner *af* und wird abgelöst; im anderen Fall schlägt dieser Spieler mit dem *Kabbel* so auf das eine Ende des *Kibbel*, daß dieser hochspringt und nun möglichst oft in der Luft mit dem *Kabbel* getroffen werden muß, wofür es ebenfalls Punkte gibt."

kiddelig heißt natürlich kitzelig.

Klecker- oder **Klackerbuuschen** ist eine Bezeichnung für das Kinderlätzchen. „Klackerbüdel" lautet somit das Schimpfwort für das Kind, das sich bei Tisch benimmt wie ein ➛ *Puttfarken*.

Klöhnkassn lautet ein alter Begriff für Telefon.

Knallköm ist ein schönes Wort für Schaumwein, Sekt oder Champagner. In einer Geschichte von „Hans ut Hamm" findet sich die Passage: Eine Bardame *„ernährt sick vun Bonbeuker, Soltmandeln, Cognac-Sauer un Whisky-Soda. Se drinkt ober ok Flipse, Cocktails un Sekt, de in Hamborg Knallköm heet. An besten leewt se vun de Buddels, de gor nich drunken, sünnern bloß betohlt ward. Ober dat sünd ‚Bar-Geheimnisse', de bloß de Mixer un de Kellners kennt!"*

Knolle ist eine Bezeichnung für die kleinen, braunen 0,33-Liter-Bierflaschen mit kurzem Hals. Sie gelten vielen als nicht gerade elegante Erscheinung – aber diese Meinung mit einem abschätzigen Blick auf eine angebotene „Knolle" zum Ausdruck zu bringen, könnte möglicherweise ein scharfes *„Was dagegn?"* nach sich ziehen (vgl. ➛ *Is was?*).

Kruken sind mehr oder weniger stark verschrobene Menschen, die hochdeutsch als „Originale" oder „Typen" bezeichnet werden.

Lamperie Das französische Wort „Lambris" meint eine Decken- oder Wandverkleidung, meist aus Gips. In Norddeutschland kursiert es als Lamperie und meint die niedrige Scheuer- oder Fußleiste unten an der Wand. Der Hauswirt, dem das zu teuer ist, greift auf den kostengünstigen Feudel- oder Feilstrich *(➛ Feudel)* zurück. Von diesem handbreiten, mit Ölfarbe aufgebrachten Streifen lassen sich problemlos die beim Feudeln entstandenen Verschmutzungen entfernen.

Mutter Grün ➛ *Tante Meier*

nachlassen Wer etwas nicht tun soll, soll es nicht unter- sondern nachlassen: „Laß das nach!" *(„Lassas nach!")* Weiter könnte es heißen: *„Mussas sein?"*, *„Hassas nöhtich?"*, *„Finzas guht?"* oder schon ganz abgeschwächt: *„Wilzas werklich?"*. Dagegen schwingt äußerster Ernst mit, wenn es heißt: *„Machas nich!"*

Niedrig von Decke *„Ziemich niedrich von Degge"* ist eine entwaffnend einleuchtende Umschreibung für einen Raum mit geringer lichter Höhe.

original *„Abe ori-gi-naal!"* ist ein Kommentar, der allerhöchste Zustimmung ausdrücken soll. Sie kann vom Sprecher auch per Frage eingefordert werden: *„Ogginal, nech?"*

Perdelkette Noch vor wenigen Jahrzehnten waren alltags getragene Perdelketten (= Perlenketten) ein sicheres Erkennungszeichen für Damen aus vornehmeren hanseatischen Kreisen. *„Die inn Alsterpavilljong, völlig ➛ überkandidelt, von Arbeit keine Ahnung, das kann ich nich ab" (➛ abkönnen)*, wäre vielleicht proletarisch über sie formuliert worden. Auch heute hört man noch gelegentlich ein abfälliges „(Blankeneser) Perlhuhn" für die Trägerin des doch eigentlich so schönen und schlichten Schmucks.

mall, malle oder **mallerich** kommt aus dem Niederländischen und bedeutet soviel wie „nicht bei Trost" oder „verrückt" sein. *„Bissa wohl mall!"*

Pascha, Gehscha, Krischan! Damit werden Kinder in den ➛ *Vierlanden* noch heute zugleich ermahnt und belehrt: *"Pascha nich auf! Gehscha ganz krumm! Krischan Puckel!"*

Puttfarken ist ein alter Familienname in den ➛ *Vier- und Marschlanden.* Wenn jedoch kleine Kinder mit „Na, du Puttfarken" angesprochen werden, spielt nicht ihr Nachname eine Rolle, sondern die Tatsache, daß sie sich beim Toben (auch: buttjern; ➛ *Buttje*) oder Essen wie kleine „Ferkel" (= Farken) benommen haben, also völlig verdreckt oder bekleckert sind.

Scheun greun butn Dammtor! lautet eine alte Redewendung, deren Inhalt an das Grün der Felder und Gärten erinnert, die vor der Erschließung und Bebauung der heutigen Stadtteile Rotherbaum und Harvestehude das Gebiet prägten. Doch bedeutungsvoller als diese Aussage wurde die Eignung und Nutzung des Spruchs zur Verdeutlichung des Klangs der hamburgischen Sprache.

Snööf heißt lautgemalt der Schnupfen.

Tante Meier *„Ich geh' ma ehm nach Tante Meier"* ist die eingesessenen Hamburgern altvertraute Entschuldigung für den kurzen Gang zur Toilette. Schlecht ist es jedoch, befindet man sich z.B. auf einem Ausflug in die Natur und keine „Gelegenheit" zum Besuch der so herbeigesehnten Verwandten ist in der Nähe: dann führt der Weg zu *„Mutter Grün"*.

Thaalja ist noch heute regelmäßig als liebevoll vertrauter Name für das Thalia Theater zu hören. Im Gegensatz zu Schauspielhaus und Oper fühlte sich hier auch das minderbemittelte, aber bildungshungrige Hamburger Publikum zu Hause. Man bereitete sich mit Reclam-Heften vor, und laut alten ➛ *Döntjes* trugen die Damen bei Tragödien *„bedeckte Bluse"*. Zum *„Taaliatiater"* siehe auch ➛ *Klein Erna*.

Treibsel heutiger Fachausdruck der Wasserbauer und Deichverteidiger für das Wort ➛ *Feek*

tührlich ist die hamburgische *Spreche* nuschelig sparsam und wird das Wort „natürlich" auch ohne erste Silbe verstanden. Es kann auf zweierlei Weise gebraucht werden, und zwar zustimmend, im Sinne von „Selbstverständlich!" oder „Na klar!", oder höhnisch besserwisserisch, im Sinne eines melodischen „Seht ihr, ich habe es ja gleich gesagt!": *„Abe tührlich (Happich je gleich saacht): Spugg ers große Töne, un nu machta nix wie ➛ Murks!")*

zu und zu Wenn z.B. eine Sache noch merkwürdiger ist als es ein einfaches *„Meerkwürch!"* zum Ausdruck bringen kann, dann wird mit dem Wörtchen „zu" gesteigert (*„is ja zuh meerkwürch!"*). Erscheint etwa ein Gesprächsgegenstand des Kaffeekränzchens besonders *„s-panisch"* (*„spohnsch"*) oder einfach nur lustig, dann läßt sich mit *„zuh un zuh lustich"* auch die geäußerte Empfindung verdoppeln. Eine wunderbare Sprachperle erklingt dann, wenn es heißt: *„Dascha zuh un zuh!"* Die drei Wörtchen der Redewendung werden mit einem schwachen Kopfschütteln unterstrichen, und jegliches Adjektiv wird überflüssig.

Verwendete Literatur

1000 Worte Marinedeutsch. Ein derbes, aber lustiges Wörterbuch nach Hannes Brummküsel, 2. Aufl. Wilhelmshaven 1950.

Marilen Andrist: Das St. Pauli-Theater. 150 Jahre Volkstheater am Spielbudenplatz. Herausgegeben von der Kulturbehörde der Freien und Hansestadt Hamburg, Hamburg 1991.

Horst Beckershaus unter Mitarbeit von Hans Otto Möller: Die Hamburger Straßennamen. Woher sie kommen und was sie bedeuten, Hamburg 1997.

Walter Deppisch: 99 Wörter Hamburgisch, Hamburg 1972.

Willi H. Dwenger: Hamburger Rummelputt am Faßnachtsmorgen. In: Hamburgische Geschichts- und Heimatblätter, 7. Jahrgang, Heft 3 (Juni 1933), S. 64 f.

Curt W. Eichler: Vom Bug zum Heck. Seemännisches Hand- und Wörterbuch, 4. Aufl. Bielefeld, Berlin 1964.

Ernst Finder: Hamburgisches Bürgertum in der Vergangenheit. Hamburg 1930.

Hans W. Fischer: Hamburger Kulturbilderbogen, München 1923.

Erwin Garvens: Der fröhliche Jungfernstieg. Hamburger Anekdoten. Zeichnungen von Paul Helms. Unbezeichnete Aufl. Hamburg 1956 (1. Aufl. 1940, 14. Aufl. 1987).

Berend Goos: Erinnerungen aus meiner Jugend. Aus der Familienausgabe von 1880. 3 Bände, Hamburg 1896/97 [= Hamburgische Liebhaberbibliothek, Bd. 3].

[Elke Groenewold, Gunhild Ohl:] Bönhasen – Pfuscher – Freimeister. Die „handarbeitende Classe“ St. Paulis im 19. Jahrhundert, Hamburg 1990 [= Beiträge zur Sozial- und Kulturgeschichte St. Paulis, herausgegeben vom St. Pauli-Archiv e.V., Heft 1].

Hamburg. Porträt einer Weltstadt. 1970, 1971, 1972. (In den ersten drei dieser 1970 vom Hamburger Abendblatt begonnenen und bis heute fortgeführten

Reihe mit reich bebilderten Jahrbänden über die wichtigsten Ereignisse in der Stadt findet sich im Anhang ein A–Z-Teil. Nach fast 30 Jahren ist er mittlerweile selbst ein historisches Zeugnis geworden, da er dokumentiert, welche Informationen damals als wertvoll erachtet wurden.)

Hamburg und seine Bauten. Herausgegeben vom Architekten- und Ingenieurverein. 1914, Band 1.

Hamburgisches Wörterbuch. Auf Grund der Vorarbeiten von Christoph Walther und Agathe Lasch (seit der 13. Lieferung [Hans-Hillige, 1995] unverändert) herausgegeben von Jürgen Meier und Dieter Möhn, bearbeitet von Jürgen Meier und Jürgen Ruge. Bd. 1 (1983) und Lieferungen 9–17 (Kiephoot folgende, 1999).

Christian Hanke: Hamburgs Straßennamen erzählen Geschichten. Hamburg 1997.

Hans ut Hamm siehe Hans Reimer Steffen

Hans Harbeck: Das Buch von Hamburg. Mit Originalzeichnungen von Eugen Denzel, Hans Leip, Kurt Löwengard und Gabriele von Lüttwitz, München 1930 [= Hamburg. Was nicht im „Baedeker" steht, Band 8].

Günter Harte: Lebendiges Platt. Ein Lehr- und Lesebuch, Hamburg 1977.

Heinrich Heine: Schöne Wiege meiner Leiden. Hamburgische Miniaturen. Zusammengestellt und erläutert von Walther Vontin. 2. Aufl. Hamburg 1981 (1. Aufl. 1956).

Carl Heins: Mit'm Zisslaweng. Mit Illustrationen von Wilhelm Hartung, Hamburg 1964.

Hermann Joachim: Hamburgische Straßennamen. In: Kulturgeschichtliche Studien und Skizzen aus Vergangenheit und Gegenwart, herausgegeben von Max Nonne und Fritz Ulmer [= Festschrift zur Vierhundertjahrfeier der Gelehrtenschule des Johanneums zu Hamburg 1529–1929], S.265–288.

Peter Kämpfert: Französisch im Küstenplatt. Ein sprachgeschichtliches Wörterbuch aus dem Lande Hadeln. Selbstverlag Peter Kämpfert, Neuhaus (Oste) o.J.

Jakob Kinau (Hrsg.): Gorch Fock. Sämtliche Werke in fünf Bänden, Hamburg 1925 (Worterklärungen am Ende jeden Bandes).

Franklin Kopitzsch, Daniel Tilgner (Hrsg.): Hamburg-Lexikon, Hamburg 1998.

Ernst Krös: Streifzüge durch die hamburgische Haus- und Kindersprache. In: Festschrift zur Begrüßung der 18. Hauptversammlung des Allgemeinen Deutschen Sprachvereins in Hamburg Pfingsten 1914, dargebracht von Mitgliedern des Hamburgischen Zweigvereins des Allgemeinen Deutschen Sprachvereins. Hamburg 1914, S. 49–69.

Heinz Küpper: Illustriertes Lexikon der deutschen Umgangssprache in 8 Bänden, Stuttgart 1982–84.

Hans Leip: Jan Himp und die Kleine Brise, Hamburg 1952. (Im Anhang des 1934 erschienenen und größtenteils in Övelgönne spielenden Romans finden sich Worterklärungen.)

Fabian Lith (Zeichnungen von Volker Ernsting): Rundstück, Rauchfleisch, Rote Grütze. Eine fröhliche Verklarung der Hamburger Küche. Bremen 1983.

Otto Mensing (Hrsg.): Schleswig-holsteinisches Wörterbuch (Volksausgabe). 5 Bände, Neumünster 1927–35.

Bernhard Meyer-Marwitz: Großer Hamburg Spiegel. Ein Querschnitt durch die Freie und Hansestadt, Hamburg 1978.

Bernhard Meyer-Marwitz: Das Hamburg Buch. Eine umfassende „Gebrauchsanweisung" für die Freie und Hansestadt Hamburg. Hamburg 1981.

Paul Möhring: Das andere St. Pauli. Kulturgeschichte der Reeperbahn, Hamburg o.J.

Paul Möhring: Hamburg mit Herz und Humor, Hamburg 1971.

Paul Möhring: Mein buntes Hamburg-Buch, Hamburg 1972.
[Vera Mohr-Möller:] Klein Erna. Ganz dumme Hamburger Geschichten. Nacherzählt und gezeichnet von Vera Möller, vierbändige Ausgabe mit dem Titel: Klein Erna. Eins, zwei, drei ... und vier in Tüte. Hamburg 1950, 1964 Band 5 und fünfbändige Ausgabe mit dem Titel: Klein Erna. Nun sind es fümf.
Ilse Möller: Hamburg, Hamburg 1985 [= Länderprofile – Geographische Strukturen, Daten, Entwicklungen].
Franz Th[eodor]. Mönckeberg: Hamburger Kaleidoskop. Hamburger Schnurren und Denkwürdigkeiten. Ein frisch aufgebügelter und bedeutend vermehrter „Grabbelbüdel", Hamburg 1954. (Grabbelbüdel. Hamburger Schnurren und Denkwürdigkeiten, Hamburg 1950.)
Edith Oppens: Meine lieben Hamburger. Mit Zeichnungen von Hildegard Hudemann, Hamburg 1973.
Edith Oppens: Hamburg zu Kaisers Zeiten. Mit historischen Photos aus dem Archiv Lachmund. Hamburg 1976.
Dirks Paulun: Missingsch. Studien in Hamburger Hochdeutsch, Hamburg 1950.
Dirks Paulun: Missingsch. Studien in Hamburger Hochdeutsch, Hamburg 1951. (Es handelt sich um eine etwas veränderte und erweiterte Zusammenstellung.)
Dirks Paulun: Hömmazuh. Studien in Hamburger Hochdeutsch, Hamburg 1951.
Dirks Paulun: Wommasehn. Studien in Hamburger Hochdeutsch, Hamburg 1952.
Dirks Paulun: Ehmuntehm. Studien in Hamburger Hochdeutsch, Hamburg 1952.
Dirks Paulun: Is doch gediegen. Ein heiterer Streifzug durch das Dickicht des Hamburger Hochdeutsch. Zugleich eine

kleine „Sprachlehre“ für Zugereiste. Mit Zeichnungen von Wilhelm M. Busch. Hamburg 1973.

Dirks Paulun: Platt auf deutsch. Herkunft und Bedeutung plattdeutscher Wörter, München 1974.

Udo Pini: Zu Gast im alten Hamburg. Erinnerungen an Hotels, Gaststätten, Ausflugslokale, Ballhäuser, Kneipen, Cafés und Varietés, München 1987.

Jürgen Rath: Arbeit im Hamburger Hafen. Eine historische Untersuchung. Hamburg 1988 [= Hamburger Studien zur Geschichte der Arbeit, Band 1].

Konrad Reich, Martin Pagel: Himmelsbesen über weißen Hunden. Wörter und Redensarten, Geschichten und Anekdoten – ein Lesebuch für Halbmänner und erwachsene Leute, die sich vom Schiffsvolk und dem Seewesen deutlichere Begriffe verschaffen wollen – neu ins Gespräch gebracht und erkläret. (Ost-) Berlin 1981.

Heinrich Reincke: Hamburg. Ein Abriß der Stadtgeschichte von den Anfängen bis zur Gegenwart. 2. Aufl. Bremen 1926.

Michael Richey: Idioticon Hamburgense. Wörterbuch zur Erklärung der eigenen, in und um Hamburg gebräuchlichen Nieder-Sächsischen Mund-Art. 2. stark erweiterte Ausgabe, Hamburg 1755.

Georg-Wilhelm Röpke: Zwischen Alster und Wandse. Stadtteil-Lexikon des Bezirks Wandsbek, 2. Aufl. Hamburg 1985.

Meta Rötting. Die Hausangestellte, Arbeiterin, Schneiderin. Erinnerungen. Bearbeitet von Renate Hauschild-Thiessen, Hamburg 1997 [= Hamburgische Lebensbilder in Darstellungen und Selbstzeugnissen, herausgegeben vom Verein für Hamburgische Geschichte, Band 11].

Johannes Saß: Plattdeutsches Wörterverzeichnis mit den Regeln für die plattdeutsche Rechtschreibung gemäß Erlaß der Reichsschrifttumskammer vom 2. Juli 1935, der Reichspressekammer vom 14. August 1935 und des Reichsministers für Wissenschaft, Erziehung und Volksbildung vom 20. September 1935, Hamburg 1935.

Käthe Scheel: Hamburgische Wörter, die mit p anlauten. In: Korrespondenzblatt des Vereins für niederdeutsche Sprachforschung, Jahrgang 1974, Heft 81, S. 23–28.

Karl Schiller, August Lübben: Mittelniederdeutsches Wörterbuch. 6 Bände, Bremen 1875–81.

Ernst Christian Schütt u.a.: Die Chronik Hamburgs. Dortmund 1991. (Die 2., erweiterte und um den Anhang gekürzte Auflage erschien 1997 als Chronik Hamburg.)

Günther Silvester: Nachtjargon von A–Z. Hamburg 1968.

[Hans Reimer Steffen unter Pseudonym] Hans ut Hamm: Hamborg lacht. Quietschfidele Döntjes, Hamburg 1936.

Bernhard Studt, Hans Olsen: Hamburg. Die Geschichte einer Stadt. Mit einem historischen Verzeichnis von Straßen- und Ortsnamen und zahlreichen Zeichnungen und Photos. Hamburg 1951.

Carl Tinius: Damals in St. Pauli. Lust und Freude in der Vorstadt. Hamburg 1975.

Erik Verg: Das Abenteuer das Hamburg heißt. Der weite Weg zur Weltstadt, 2. überarb. und erg. Aufl., Hamburg 1997.

Karl Friedrich Wilhelm Wander (Hrsg.): Deutsches Sprichwörter-Lexikon. Ein Hausschatz für das deutsche Volk, 5 Bände, Leipzig 1867–1880.

Jochen Wiegandt (Hrsg.): An de Eck steiht 'n Jung mit 'n Tüdelband. Hamburger Liederbuch Band 1: Noten und Lieder, Hamburg 1993.

Jochen Wiegandt (Hrsg.): An de Eck steiht 'n Jung mit 'n Tüdelband. Hamburger Liederbuch Band 2: Lexikon, Hamburg 1993.

[Paul Wriede:] Hamburger Volkshumor in Redensarten und Döntjes, aufgeschrieben von Paul Wriede. Hamburg o. J. [= Quickborn-Bücher, 30. Bd.] (Im Anhang finden sich Worterklärungen.)

Bildnachweis

Alsterdampfschiffahrt e.V.: S. 17
Archiv Ellert & Richter Verlag, Hamburg: S. 24, 51 u., 54, 84, 90, 95, 109 o., 115, 121, 141, 143 o., 150
Hamburgisches Wörterbucharchiv, Universität Hamburg: S. 85
Urs Kluyver, Hamburg: Rückseite Titel rechts, S. 22, 58, 76, 78, 89, 97, 123
Egbert Kossak, Hamburg: S. 19, 46 u., 95 o., 103
Landesmedienzentrum, Hamburg: S. 46 o. (Hamann), 49 (Hamann), 96, 133 (Hamann)
Jan Mordhorst, Hamburg: S. 47
Michael Pasdzior, Hamburg: S. 21, 25, 40, 48, 114, 139, 140
Archiv des Rauhen Hauses, Hamburg: S. 123 o.
Eigentum der Firma Friedrich W. Schneider, original Elbsegler: S. 44
Staatsarchiv der Freien und Hansestadt Hamburg (StAH), Hamburg: Titel (2), Rückseite Titel links, S. 15, 51 o., 52, 59, 62, 68, 71, 72, 75, 109 u., 138, 153, 156
Erich Staisch, Heikendorf: S. 124
Michael Zapf, Hamburg: S. 143 u.

Folgende Abbildungen wurden entnommen aus:
Hammonia, S. 64: Ein Jahrhundert Hamburg 1800–1900. Zeitgenössische Bilder und Dokumente, gesammelt und herausgegeben von Victor Dirksen. München 1926, S. 3
Klein Erna, S. 81: Umschlagabbildung von Klein Erna. Ganz dumme Hamburger Geschichten. Band 4. Nacherzählt und gezeichnet von Vera Möller. Hamburg, Hans Christians Verlag 1950
Mühlstein, S. 101: Hamburgische Männer und Frauen am Anfang des XX. Jahrhunderts. Kamera-Bildnisse. Aufgenommen, in Kupfer geätzt und gedruckt von Rudolph Dührkoop. Hamburg 1905
Pferdestall, S. 112: Gisela Kühn: J. A. Schlüter Söhne, 1807–1957, S. 119

Impressum

Die Deutsche Bibliothek – CIP-Einheitsaufnahme

Tilgner, Daniel:
Kleines Lexikon Hamburger Begriffe: von Aalweber bis Zitronenjette / Daniel Tilgner. – 4. überarbeitete und ergänzte Aufl. – Hamburg: Zeise, 2000
ISBN 3-932844-32-7

4. überarbeitete und ergänzte Auflage 2000

Text und Bildlegenden: Daniel Tilgner, Hamburg
Lektorat: Brigitte Beier, Hamburg
Bildredaktion: Daniel Tilgner, Hamburg
Gestaltung: Hartwig Kloevekorn, Hamburg
Satz und Lithographie: KCS GmbH, Buchholz/Hamburg
Druck: Girzig + Gottschalk, Bremen
Bindearbeiten: S. R. Büge, Celle

Zitate von Dirks Paulun mit freundlicher Genehmigung des Hans Köhler Verlags, Hamburg.